ようこそ、アフタヌーンティーへ

英国式5つのティータイムの愉しみ方

ベストティープレイス、それはあなたのお家

藤枝理子

清流出版

Prologue

ベストティープレイス、
それはあなたのお家。
ひとりでも、ふたりでも、誰とでも…。
素敵な紅茶時間。

イギリスの暮らしは、素敵な紅茶シーンに囲まれています。

紅茶の香りで目覚める朝から、一日を終えて眠りにつくまで、生活のリズムの中にごく自然にティータイムが刻み込まれています。

「英国人は、仕事の合間にティータイムをとるのではなく、ティータイムの合間に仕事をしている…」なんて、茶化されることもあるくらい、ティーカップとは大の仲良し。

一杯の紅茶は、心豊かに暮らすための大切なエッセンスなのです。

そんな日々の暮らしを彩るティータイムには、モーニングティー、イレブンジズ、アフタヌーンティー、ハイティー、アフターディナーティー、と名前がつけられていて、それぞれに深いストーリーがあります。

彩り豊かなティーライフにアクセントを添えてくれる陶磁器やレース、銀器やカトラリー、テーブルにまつわるさまざまなTIPSと一緒に、これから5つの紅茶時間にご招待します。


ひとりでも、ふたりでも、誰とでも…。

ティーカップ片手に、自然と笑顔が溢れる幸せな時間を、日々の暮らしの中に取り入れてみませんか?

一杯の紅茶と焼きたてのお菓子さえあれば、そこが最高の三つ星ティープレイス。

さぁ、ページを開いて、至福のティータイムをご一緒しましょう!

目次

Chapter 2

英国流リフレッシュタイム「イレブンジズ」

Chapter 3

ようこそ！ 午後のティータイムへ
「アフタヌーンティー」

Chapter 4

テーブルを囲む幸せな時間
「英国式ハイティー」

Chapter 5

一日の終わりに穏やかな夜の一杯を
「アフターディナーティー」

英国流ティータイム 5つの時間割

モーニングティー *Morning tea*

イギリス流の朝茶。
お目覚めの一杯は、頭も身体もスッキリ引き締めてくれ、
心地よい一日のスタートを約束します。

イレブンジズ *Elevenses*

午前11時のティーブレイク。
朝の慌ただしさが一段落したあとに、
紅茶とビスケットでリフレッシュタイム。

アフタヌーンティー *Afternoon tea*

優雅な午後のお茶時間、アフタヌーンティー。
紅茶と一緒にサンドイッチ、スコーン、ペイストリーを並べ、
エレガントなひとときを。

ハイティー *High tea*

軽い夕食をかねて紅茶をいただくハイティー。
家族や仲間とダイニングテーブルを囲み、
カジュアルなスタイルで、ゆったりとした時間を過ごします。

アフターディナーティー *After dinner tea*

夕食後のくつろぎの一杯。
ブランデーやリキュールなどのお酒や、
チョコレートと一緒に紅茶をいただく、癒しのリラックスタイム。

Chapter 1

紅茶の香りで一日のスタート

Morning tea

モーニングティー

英国の朝のはじまり
アーリーモーニングティー

「Good morning !」

紅茶を学ぶためにイギリスへ渡った初めての朝、ステイ先のマダムがトレイにのせた濃いめのミルクティーを部屋に運んでくれました。

紅茶の香りで朝を迎えるなんて、もちろん初めての経験。時差ぼけで眠りが浅かった私にとっては、心地よい朝の目覚めへとやさしく導いてくれる一杯。ここから、紅茶留学がスタートしました。

アーリーモーニングティーは、爽やかな朝のスタートとともにいただく、お目覚めの紅茶。ベッドの中で、起き抜けに飲む一杯という意味で、別名「ベッドティー」ともよばれます。

イギリスでこのティースタイルが生まれたのは19世紀頃。上流階級の人々が、起床時間になると、部屋つきのメイドに、ベッドサイドまで紅茶を運ばせていたという贅沢な習慣からきています。

階級を超えて紅茶が浸透していくと、男性が女性への愛情表現として、ベッドティーを運ぶようになっていきます。

時間に追われる現代においては、毎朝のルーティーンというわけにはいきませんが、週末や夫婦の記念日に感謝の気持ちをこめて、ご主人がアーリーモーニングティーをい

れて、ふたりでゆったりと朝の時間を迎えるという話は珍しくありません。

また、この優雅なティースタイル、イギリス旅行中に体験することもできます。

格式あるホテルやマナーハウスの中には、ゲストが指定した時間に、窓からの新鮮な空気と一緒にフレッシュな紅茶を届けてくれるというところもあるのです。まるで映画のワンシーンのようなモーニングコール、ちょっぴりドキドキしますね。

日本にも、古くから「朝茶」をいただく習慣がありますが、朝の一杯は頭も身体もスッキリと目覚めさせ、新陳代謝を促してくれる効果があります。

お目覚めの一杯で気分爽快、一日のスタートです。

アーリーモーニングティーを
愉しむアイテム
「ベッドトレイ」

Bed Tray

モーニングティーを愉しみながら、ゆっくりと新聞に目を通したり、一日のスケジュールを確認したり、時には一緒に朝食をいただく…。そんな優雅な朝のひとときを過ごすためのアイテムがベッドトレイ。

トレイについている脚を開くと、ちょっとしたテーブル代わりになり、紅茶だけではなく朝食をのせて、ベッドの上でいただくこともあります。

映画やドラマの中にも登場するこのシーン、ヴィクトリア時代(1837—1901年)においては優雅なマダムの証でした。

朝のやわらかな陽射しを浴びながら、ガウンを羽織りベッドで朝食…。なんとも憧れの風景ですね。

ゆっくり過ごす週末の朝は、ベッドトレイで朝食を。心地よい一日のスタートを約束してくれます。

世界でいちばん贅沢な朝食

To eat well in England, you should have a breakfast three times a day.

「イギリスで美味しい料理を食べたければ、一日に3回朝食を摂ればいい」

この名言を残したのは、『月と6ペンス』でお馴染み、イギリス人作家のサマセット・モームですが、言葉通り伝統的なイングリッシュブレックファーストは大変贅沢でバラエティに富んでいます。

「コンチネンタルブレックファースト」とよばれるヨーロッパ大陸の朝食スタイルは、飲み物とパンをメインとして、ハムやチーズといったシンプルなコールドミールが多いのですが、イギリスでは昔からボリューム感たっぷりの朝食をいただく習慣がありました。

英国料理というと美食とかけ離れたイメージがありますが、なぜこのような豪華な朝食を摂る習慣が生まれたのでしょうか？

イギリスの食文化を調べていくと、食事のスタイルが関わっていたようです。

現在は一日3回の食習慣が定着しているイギリスですが、18世紀の半ばまで、階級によって食事の回数や時間が異なっていました。

当時の食事は、基本的に一日2回。ブレックファーストのファーストは「断食」、ブレイクは「破る」という意味があり、夜の断食のあとにいただく朝食は、とても大切な食事と位置づけられていました。

そのため、朝食は量・質ともにしっかり摂るのが英国の伝統的なスタイル。なんと王室では、朝食に8コースもの料理がふるまわれ、それに倣《なら》い貴族たちも自分の領地で採れた新鮮な肉や卵、乳製品を使い、ゴージャスな朝食をいただいていたのです。

一方、産業革命期の労働者階級の人々は、昼食を摂る時間さえもままならぬほどの過酷な労働を強いられ、丸一日の肉体労働に耐えうるよう、カロリーの高い朝食が必要でした。そこで、砂糖とミルクをたっぷり入れた紅茶と一緒にボリュームのあるメニューを摂り、活力を蓄え職場へ出かけていきました。

その後、一日3回の食生活へシフトしていくと、王室の〈贅沢すぎるブレックファースト〉にも、朝食革命が起こります。

20世紀初頭、ジョージ5世の妻、クイーン・メアリーによってコース形式の朝食は徐々に簡素化され、現在のスタイルに定着していきました。

正統派イングリッシュ ブレックファーストとは

紅茶の香り、ベーコンを焼く音、美しくセッティングされたテーブル…、そんな朝のワンシーンは幸せに満ちたりた風景です。

イングリッシュブレックファーストのスタートは、搾りたてのフレッシュジュース。次にヨーグルトやシリアル、フルーツなどをいただいている間に、ポットにたっぷり入った紅茶とトーストが用意されます。

そして、お待ちかねの〈クックドブレックファースト Cooked Breakfast〉が登場。大きなプレートに盛りつけられるのは、ベーコン、ソーセージ、卵料理、ベイクドビーンズ、ベイクドトマト、ベイクドマッシュルームといった定番メニュー。昔に比べて簡素化されたとはいえ、驚くほどのボリュームです。

ちなみに、毎朝フル・ブレックファーストを食べているかというと、答えはNO。

伝統的な英国式の朝食は、日

本でいう旅館でいただく〈昔ながらの和朝食〉のようなもの。ご飯に味噌汁、卵焼き、焼魚、小鉢が所狭しと並ぶお膳は、特別な日や旅行に行ったときなどの、非日常を味わうシーンになりつつありますよね。それと同じことで、イギリスでも普段の朝食は、紅茶とトーストという人もいれば、シリアルのみ、または食べないという人まで様々。

では、この贅沢な朝食も姿を消しつつあるのでしょうか？

いえいえ、それは心配ご無用。ロンドンの街中を歩いていると、パブやレストランに「ALL DAY BREAKFAST」と書かれた看板をよく見かけます。つまり、こんな美味しい朝食、朝だけではもったいない！と、朝も昼も夜も、いつでもイングリッシュブレックファーストを提供してくれるお店がたくさんあるのです。

仕事帰りに、シャンパン片手に英国式朝食…。多様化するイギリスの食文化を語るワンシーンです。

英国式朝食

Recipe

英国式ブレックファーストは、
あつあつの状態でいただけるように、
時間を逆算しながら作ることがポイント。
紅茶を蒸らしている間にトーストを焼き、
クックドブレックファーストを調理し、
手際よく盛りつけましょう。

English Breakfast

A カリカリベーコン ／ B ベイクドトマト
C ソーセージ ／ D ベイクドマッシュルーム
E ベイクドビーンズ ／ F スクランブルエッグ
G キッパー

材料 (2人分)

厚切りベーコン … 2 枚
ソーセージ … 4 本
トマト … 2 個
ブラウンマッシュルーム … 4 個
ベイクドビーンズ … 200g
キッパー … 2 切れ

スクランブルエッグ

卵 … 2 個
生クリーム … 50ml
チェダーチーズ … 20g
塩、黒こしょう … 適量
バター (有塩) … 20g

食材を並べておけば、朝コンロにかけるだけでOK。

作り方

1 フライパンに、ベーコン、ソーセージ、トマト、ブラウンマッシュルームを入れて中火にかけ、焼き色をつけます。野菜には軽く塩、こしょう (分量外) で味をつけます。

2 スクランブルエッグを作ります。ボウルに卵を割り入れ、生クリームとすりおろしたチェダーチーズ、塩、黒こしょうを入れ、フォークで溶きほぐします。バターを入れて熱したフライパンに流し込み、ヘラで大きく混ぜながら半熟状態まで火を通しましょう。

3 ベイクドビーンズは鍋に移し、中火であたためます。

4 プレートに盛りつけ、キッパーも添え、紅茶やトーストと一緒にいただきます。

Memo

ご紹介した具材のほかに、スコットランドやイングランドで好んで食べられているソーセージの一種、ブラックプディングも朝食の定番。じっくり焼いていただきます。

A キッパー／鰊（にしん）を塩漬けにして燻製にしたもの。スコットランドでは自家製のキッパーが並ぶこともありますが、手軽なオイル漬けの缶詰も人気。

B ベイクドビーンズ／いんげん豆をトマトソースで甘く煮詰めた料理で、英国の朝食には欠かせないタンパク源。缶詰のビーンズをあたため、トーストと一緒にたっぷりいただきます。

C マスタード／イングリッシュマスタードは和がらしに近く、ピリッとした辛味が特徴。「コールマン」は、ペーストのほかパウダー（D）も人気です。

E ブラウンソース／イギリスを代表するブラウンソース「HPソース」。朝食には欠かせない調味料です。ラベルに描かれているのは名前の由来にもなっている国会議事堂。

F マーマイト／ビール酵母から作られる発酵食品。トーストに塗るほか、調味料としても使われています。イギリスでも好き嫌いが分かれるユニークな味。

英国の味＆英国らしい テーブルアイテム

Egg Coddler

エッグコドラー

なんともキュートな陶磁器製の器は、半熟卵を作るための調理器具。卵を割り入れ、ベーコンやチーズなど好みの具材を入れ、ふたをしてからボイルします。お好みの固さになったら、そのままテーブルへ。細長くカットしたトーストをさせば、イギリス人が大好きなエッグ＆ソルジャーに。

４つの
ブレックファーストと紅茶

私たちがイギリスとよんでいる国の正式名称は、「グレートブリテン及び北アイルランド連合王国　United Kingdom of Great Britain and Northern Ireland」。イングランド、ウェールズ、スコットランド、北アイルランドの４つの国（Country）から形成されています。そして、それぞれの国ごとに、国旗や国花を持ち、長い歴史の中で育まれてきた言葉や文化、生活習慣が存在し、強いアイデンティティを持ち合わせています。

朝食にしても然り。国ごとにイングリッシュブレックファースト、ウェルッシュブレックファースト、スコティッシュブレックファースト、アイリッシュブレックファーストと、呼び名もメニューも微妙に変わるところもまた、英国らしい食文化といえます。

朝食と一緒にいただくブレックファーストティーも、それぞれの土地の水や食事にあわせてブレンドされています。ミルクティーにあうボディが強くコクのある茶葉が配合された紅茶を濃いめにいれ、大きめのポットでたっぷりと用意します。

４つの国のブレックファーストと紅茶、英国の奥深さを味わうことができそうですね。

イングランド——おすすめは「ブラックプディング　Black Pudding」。初めて見ると、丸焦げのソーセージ？と驚くような真っ黒い物体が登場します。その怪しげなルックスから敬遠しがちですが、それもそのはず、ブラックプディングの正体は、豚の血を詰めたソーセージ。イングランドでも好き嫌いが分かれる品。

ウェールズ――ウェールズには日本と同じように海藻を食べる習慣があります。朝食にも、「ラバーブレッド　Laverbread」という海苔の佃煮のような海産物が並び、トーストに塗ったり、オートミールと一緒に丸めて焼いたラバーブレッドケーキにしていただきます。また、「ウェルッシュレアビット　Welsh Rarebit」といって隠し味にビールを使ったチーズトーストも登場します。

スコットランド――地方色が最も豊かなのがスコットランド。食通の興味をそそるような、珍しいメニューが登場します。その代表が「ハギス　Haggis」。羊の内臓に玉ねぎやオートミールを混ぜ、胃袋に詰めてハーブやスパイスと一緒に煮込むという独創的な伝統料理です。また、北海で水揚げされるサーモン（鮭）やハドック（鱈）、キッパー（鰊《にしん》）などシーフードも人気。

北アイルランド――北アイルランドといえば、じゃがいも料理。朝食にもマッシュポテトをフライパンで焼いたポテトブレッドや、「ボクスティ　Boxty」というじゃがいも入りのパンケーキが登場します。また、イーストの代わりに重曹を使った素朴な味の「ソーダブレッド　Soda Bread」が添えられるほか、日本のお粥のような伝統的なオートミールの「ポリッジ　Porridge」も並びます。

グレートブリテン及び北アイルランド連合王国

United Kingdom of Great Britain and Northern Ireland

アザミ

ポリッジ

シャムロック

ハギス

Northern Ireland

Scotland

Wales

バラ

England

ラバーブレッド

スイセン

ブラックプディング

女王陛下のマーマレード

英国式の朝食に添えられるのは、やっぱりフワフワのイギリスパンかしら？ そうイメージするかたも多いと思いますが、実は日本でよく見かける山型の厚切り食パンは、英国紳士のシンボルであるボーラーハット（山高帽）から名づけられたといわれ、イギリスではポピュラーな存在ではありません。

トーストに使うのは、サンドイッチ用程度の薄いパン。それを三角形に2等分し、キツネ色の焦げめがつくまで焼き、マーマレードをたっぷりと塗っていただくのが英国流。朝食はお決まりのマーマレードトーストだけ、という人もいるくらい定番です。

驚くのは、そのマーマレードの種類。スーパーのジャム売り場の大半は、マーマレードが独占しています。

いったいこのマーマレードは、いかにしてイギリスの朝食に君臨するようになったのでしょうか？

マーマレードが誕生したのは、18世紀のスコットランド。ダンディという東部に位置する海岸沿いの街で、小さな食料品店を営んでいたケイラー夫妻のアイディアによって生まれました。

ある日、ケイラー氏は嵐のために出港できなくなったスペイン船から、大量のセビルオレンジを二束三文で買い取ります。イギリス人にとってオレンジは高級品、高値で売れるだろうと思っていたのですが、そのオレンジを食べてみたところ、苦みが強すぎ売りものにならないことがわかり、意気消沈していました。

そこで妻のジャネットは、ジャムの材料にすることを考え、香りを引き出すために、オレンジのピール（皮）も一緒に煮てみました。すると、甘みと苦味が絶妙なバランスのマーマレードが出来上がったのです。

こうして、「James Keiller & Sons Ltd」の名はイギリス中に広がり、マーマレードは朝食のテーブルに欠かせない定番になりました。


エリザベス女王も、マーマレードが大好き。バッキンガム宮殿の庭が見渡せるブレックファーストルームで、トーストにマーマレードを塗って召し上がるそうです。

女王のお気に入りのマーマレードはFrank Cooper（フランク・クーパー）の「OXFORD VINTAGE」。１８７４年、オックスフォードで創業したイギリス中で愛される王室御用達ブランドです。

マーマレード＝オレンジ色、という概念をくつがえす濃いこげ茶色の正体は焦がしキャラメル。大きめのピールがザクザク入って、甘み控えめなビターテイストが際立つ大人の味です。

ほかにも、苦味の少ないタイプや透明のオレンジタイプ、ピールも厚いもの、薄いものなど、いろいろな種類があり、朝食のテーブルを彩っています。

ちなみに、エリザベス女王は外遊に行かれる際にも、お気に入りのマーマレードとキーマン紅茶（世界三大銘茶のひとつ）は欠かさないそう。

女王陛下のマーマレード、ぜひ一度味わってみてはいかがでしょうか。

写真上：エリザベス女王のお気に入り、オックスフォードマーマレード。写真下：焼き色をしっかりとつけたトーストを、ラックに立ててテーブルに運ぶのが英国式。スタンドすることでサクッとした食感を保つことができます。

朝食のテーブルコーディネート＆マナー

英国式のテーブルセッティングは、マナーと深く結びついています。お食事をいただくときに、無駄な所作をはぶき、美しく食べるというマナーに従い、長い食卓史の中で試行錯誤を繰り返しながら、現在のスタイルへと変化を続けてきました。

テーブルセッティングのスタイルは、大きく分けてイギリス式とフランス式がありますが、実はどちらも歴史をたどるとルネサンス期のイタリアへさかのぼります。

特にイギリスは島国ということもあり、ヨーロッパ大陸の諸国と比べて、食文化の発達が遅れていました。18世紀初期クイーン・アンの時代にも、まだ手づかみで食事をする人が多く、ジョージアンに入り、招かれた側がカトラリーを持参するようになりました。19世紀ヴィクトリア時代に入ってようやく、テーブルの上にあらかじめゲスト用のナイフ、フォーク、スプーンがセッティングされるようになったのです。

テーブルセッティングに必要なエレメンツは5つ、食器、カトラリー、グラス、リネン、フィギュア。

この5つを組み合わせることによって、フォーマルからインフォーマルまで、どのようなおもてなしのスタイルにも対応できます。

爽やかな朝に映えるスポードのブルールームコレクション。

Let's lesson

知っておきたい朝食のテーブルセッティングとマナー

ちょっとしたテーブルセッティング術とマナーを心得ておけば、
毎日がもっと素敵に輝きます。

英国式朝食のテーブルセッティング

1
パーソナルスペースを決めます
1人分のパーソナルスペースの横幅は 60 ～ 80cm を目安にします。

2
プレートとカトラリーをセットします
プレートはパーソナルスペースの中心線上、テーブルの端から指 2 本分（約 3cm）内側にセッティングします。カトラリーはプレートの左右指 1 本分（約 1.5cm）スペースを空け、テーブルの端から指 3 本分（約 4cm）内側にハンドルの端が揃うように上向きに並べます。

3
グラス、ティーカップ、パン皿などをセットします
ティーカップやグラス類はプレート中央より右側、パン皿は左側にそれぞれ並べます。

なぜ、セッティングにはルールがあるのでしょう？

テーブルセッティングの際に基準となる数値は、人間の行動学をもとにして、無駄のない合理的な動きから算出されたものです。和食にも、「お膳立て」といってお箸の向きやお茶碗の位置、配膳に決まりごとがあるのと同じように、食事のスタイルにあわせ、美しく食べやすいようにと継承されてきた作法のひとつです。

ちなみに昔の厳格な英国貴族の館では、テーブルセッティングを終えると執事がスケールを持って登場し、ミリ単位で最終チェックをしたそうです。

英国式朝食のマナー

トーストのいただきかた
三角形にカットされたトーストはちぎらずに、そのままバターやジャムを塗って食べます。バターやジャムは、使う分のみを自分のパン皿に取り分けてから塗ります。

カトラリーの扱いかた

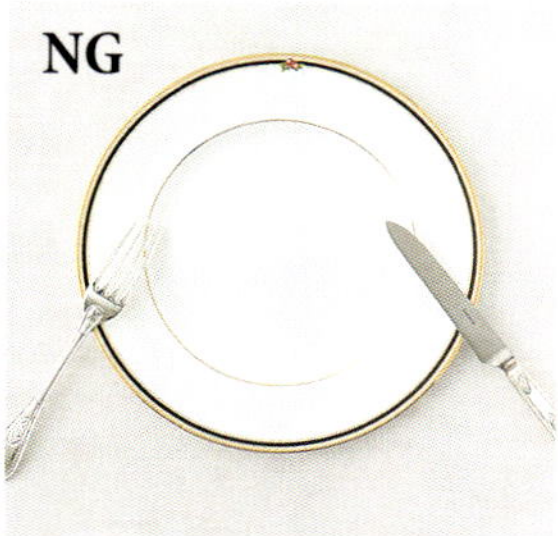

食事の途中
食事中、ナイフとフォークを使わないときには、ナイフの刃を内側、フォークの歯先を下に向け、時計でいう 8 時 20 分あたりの位置に交差させて置きます。その際に、ハンドルをプレートの外に出すのはNGです。

Attention!

ナイフの刃の向きに注意
ナイフの刃は必ず内側に向けるようにします。反対方向に置くと、人に刃先を向けるということになり、マナーに反します。

食事終了のサイン
料理を食べ終えたら、ナイフの刃を内側、フォークの歯先は上に向け、6 時の方向に揃えて置くのが英国式です。

イギリスらしい「プレイスマット」

Placemat

フランス式のテーブルセッティングでは、テーブル全体にクロスをかけるフルクロススタイルがフォーマルですが、イギリス式の場合はプレイスマットを使用するケースも多く見られます。これは、イギリス人と家具とのつきあいかたが関係しています。

古いものを大切にする気質の英国人は、家具は何世代にもわたり、受け継ぎ育てていくものと考えています。ひとつひとつの家具に、家族のストーリーが刻まれていて、使い込まれた家具にこそ価値があるという美意識を持ちあわせているのです。

特に上質なマホガニーやオークなどの木材は、時が経てば経つほど風合いが増し、深みが醸し出されるもの。テーブルトップの磨き込まれた古艶や杢目は「パティナ」とよばれ、家の歴史でもあると同時にステイタスシンボルでもあるので、それをクロスで隠してしまうのはもったいない…というわけです。見せたいけれど傷はつけたくない、そこでテーブルクロスを1人用の大きさにカットした「プレイスマット」が誕生しました。

日本ではランチョンマットともよばれていますが、イギリスでは総称してプレイスマット。用途別にディナー、ランチョン、ティーとサイズが分かれていて、素材も麻、綿、レースなど様々あります。

イギリス家庭の朝食の定番はコルクのマット。田園風景の絵が描かれたダークな色合いのものがポピュラーですが、最近は食器とお揃いのシリーズでコーディネートするのも人気です。使いかたとしては、プレイスマットはクロスの代わりなので、クロスの上にマットを敷くのではなく、テーブルに直接セットするのが正式なスタイルです。

テーブルに直に置くプレイスマット。サイズや形、素材も様々な種類があります。木製のマットはお手入れも簡単で、滑りにくくテーブルの保護にもなり、使い勝手のいいアイテム。

普段着のティータイム

日本人の私たちは、英国のティータイムというと、優雅でゴージャスなイメージを思い浮かべますが、実はちょっと違います。イギリス人にとってのティータイムは、あたたかさとやすらぎ…、家庭でママがいれてくれたミルクティーと素朴なビスケットを片手にお茶の時間を愉しんだ、甘く幸せな記憶と結びついています。

日本人にとってのお茶がそうであるように、イギリス人にとっての紅茶は、日々の暮らしのワンシーン。そして、そこに登場する紅茶はティーバッグです。

意外に思われるかもしれませんが、イギリスで消費される紅茶の90%はティーバッグというデータもあります。確かに、一般家庭はもちろん、ティールームやホテルであっても、ポットに入っている茶葉がティーバッグであろうと誰も驚きません。そもそも、繊細なリーフティーをいれても、イギリスの硬水では茶葉本来の風味が出ないことも理由のひとつ。初めはショックを受けましたが、このティーバッグの味こそがイギリスの国民飲料、普段着の紅茶なのです。

紅茶留学中、ステイ先のマダムから「いつもの紅茶、買ってきてね」と頼まれると、スーパーの紅茶売場へ行きました。棚には目を見張るような種類のティーバッグが並んでいるのですが、驚くのはその量。マダムのお気に入りはテトレー紅茶。１１００個入というパッケージまであり、持ち帰るのもひと苦労です。中を開けてみると、丸くて紐のないティーバッグが、剥き出しでギュッと詰め込まれていて、日本のアルミ個包装できちんと箱に並べられている姿と比べると、ずいぶん大雑把な印象です。

オーソドックスな形は紐なしの円形や四角形。ティーバッグの中にはＣＴＣ製法*で作られた細かな茶葉が入っていて、メーカーごとに味に違いがあります。

どこの家庭にもお気に入りのティーバッグがあり、それをティーポットに２、３個投げ入れ、熱湯を注ぎ蒸らしたら、〈最高に美味しいうちの紅茶〉の完成です。

*ＣＴＣ製法とは——専用の機械を使った製造方法。CRUSH（押しつぶす）、TEAR（引き裂く）、CURL（粒状に丸める）の３つの工程の略。短時間で抽出することができるため、ティーバッグに最適。

ティーバッグの種類

20世紀初頭に誕生したティーバッグ。オーソドックスな丸や四角のほかにも、テトラ型、紐つき、紐なしなど、ティーバッグの形状はメーカーによって様々。

ティーバッグの美味しいいれかた

気軽に楽しめるティーバッグ
美味しくいれるための 3 つのポイント

I お湯を入れてからティーバッグを入れましょう。
逆にするとティーバッグが浮いてしまい、うまく抽出できません。

II ポットでもカップでも必ずふたをして蒸らし、風味を引き出しましょう。

III ティーバッグは絞ったり振ったりせず、静かに引き上げましょう。

1

ティーカップをあたためておきます
あらかじめカップにお湯を注ぎ、あたためておきましょう。

2

熱湯を注ぎ入れ、ティーバッグを入れます
あたためたカップに、よく沸騰させた分量の熱湯を注ぎ、ティーバッグをカップの縁からすべりこませながら入れます。

3

ふたをして蒸らします
ふたがない場合は、ティーカップのソーサーを代わりに置いて蒸らしましょう。ふたをして蒸らすことで風味が引き出され、香気成分も逃しません。

4

ティーバッグを引き上げます
蒸らし時間は茶葉によって異なりますが、1～2分間が目安。抽出が完了したら、ティーバッグを静かに引き上げます。このとき絞ったり振ったりすると雑味が出てしまうので注意。

Column

普段着の紅茶を探しに スーパーマーケット巡り

イギリスの日常生活を垣間見ることができる場所、それはスーパーマーケット。

ハロッズやフォートナム＆メイソンといったデパートが、ちょっとおめかししたよそ行きの顔だとしたら、スーパーマーケットは素顔のイギリス。ありのままの姿だからこそ、ワクワク感がとまらないワンダーランドです。

階級社会のイギリスらしく、スーパーによって客層がガラリと変わるのも面白いところ。たとえば、セレブ層が好む高級スーパーが王室御用達の Waitrose（ウェイトローズ）。続いてアッパーミドル的な存在が Marks & Spencer（マークス・アンド・スペンサー）。ミドルミドルの Sainsbury's（セインズベリー）。そしてカジュアル路線の Tesco（テスコ）、Morrisons（モリソンズ）、Lidl（リドル）、Asda（アズダ）など、それぞれキャラクターが際立っています。

紅茶やお菓子のラインナップも、店ごとエリアごとに微妙な違いがあったり、PB（プライベートブランド）商品なども充実していて、隅から隅までどの棚を見ても飽きることはありません。

スーパーオリジナルのオシャレな麻のエコバッグいっぱいに、珍しい紅茶やビスケットを詰めたら、オリジナルハンパーのできあがり。旅行のお土産としても喜ばれますし、旅の報告もかねたテイスティングパーティを開いても盛り上がりそうですね！

イギリスでもレジ袋の有料化が進み、それぞれのスーパーがオリジナルデザインのバッグを販売しています。オーガニックコットンや麻など、しっかりした素材を使ったものが多く、安価なのにオシャレでエコと、旅行のお土産としても大人気。写真右もお土産として喜ばれるイギリス人のソウルフード詰め合わせセット。

Chapter 2

英国流
リフレッシュタイム

Elevenses
イレブンジズ

ハウスキーピングの合間にちょっとブレイク
イレブンジズ

イレブンジズというのは、ネーミング通り午前11時頃のカジュアルなティーブレイクのこと。

慌ただしい朝の仕事や家事が一段落した頃に、気分転換もかねてちょっと一息。お気に入りのマグカップ片手に、ビスケットと一緒にいただくリフレッシュティーです。

この習慣が生まれたのは、産業革命の頃。まだお茶が贅沢品だった時代、労働者階級の人々はお茶より安価なお酒を飲みながら、日々仕事をしていました。緯度の高いイギリスでは身体をあたためる意味もあったようですが、アルコール中毒や生産性の効率低下などの問題が表面化していきました。

そこでヴィクトリア女王は、お酒の代わりにお茶を飲むことを奨励し、工場にもティーブレイクが導入されるようになります。労働の合間に休憩を取り、甘いミルクティーを飲むことによって、カロリーの補給だけではなくストレスも軽減され、生産性が向上。

また、階級や職種を超えて、イギリス中が同じ時刻にいっせいにお茶を飲むことによって、〈女王陛下もこの瞬間、自分たちと同じようにお茶を召し上がっている〉という連帯感が生まれ、大英帝国をますます躍進させていくことになったのです。

そして、このティーブレイクの風習から生み出されたのが「ティーレディ」という存在。ティーブレイクの時間になると、「ティートロリー」とよばれるワゴンを引いて登場し、一人一人の好みにあわせたお茶をいれてくれるのです。

このティーレディはオフィス専属で雇われていて、お茶のサービスだけにとどまらず、茶道具の管理や茶葉のセレクト、ゲストの接待にいたるまで、お茶に関しての全権を握る栄誉ある地位でした。

一時はほとんど見られなくなってしまいましたが、最近は派遣サービスという新しい形で、現代版ティーレディを復活させる動きもあるようです。

ほんのわずかなブレイクタイムですが、お茶に含まれるカフェインによって脳も刺激され、効率アップにつながるとのデータも出ています。生活のリズムとして職場や学校だけではなく、家庭の中でも取り入れていきたい〈仕事効率化ティータイム〉です。

イギリス人が大好きなビスケットたち

紅茶といえばビスケット、この組み合わせは切っても切れない関係です。英国でのお茶の歴史をたどると、初期の頃は〈東洋からやってきた万能薬〉と位置づけられていたこともあり、お茶を飲む前には必ずパンやビスケットを口にするという習慣が、古くからありました。日本でいうとお煎茶とお煎餅のような存在、お茶の時間に欠かすことができない〈お茶トモ〉というわけです。

イレブンジズの時間にも、紅茶のおともといえば定番ビスケット。そして、ちょっぴりマナーには反するのですが、多くのイギリス人はここでビスケットを紅茶に浸してパクリと口へ入れます。これが昔から好まれる「ダンキング」というスタイル。ただ、サクサクした食感が台無しになってしまうのに何故と不思議に思いませんか？

もともと、イングリッシュビスケットは保存食として発達してきたもので、日持ちをさせるために水分をギリギリまで抑え、非常に硬いものでした。イギリスの兵士さんたちは、戦争中もティーブレイクを欠かさなかったのですが、配給用のビスケットは紅茶に浸してやわらかくしなければ食べることができないほど硬く、そこからダンキングが定着したともいわれています。

ちなみに、イギリスのスーパーに行くと、紅茶売場をしのぐ面積を誇るのが、このビスケット売場。誰もがこだわりの〈推しビスケット〉を持っています。

イギリスの新聞に、英国物理学会が発表した「ダンキングにおすすめビスケットランキング」という興味深い記事がありました。ダンクテストという名目で、各メーカーの商品を並べ、紅茶に浸しはじめてからビスケットが溶けてくずれるまでの耐久力や、紅茶の吸収率などを、データを取りながら真剣に比較していたのです。数あるビスケットの中で第一位に輝いたのがマクビティ社の「Rich Tea」でした。

なんともビスケット好き、そして議論好きなイギリス人らしい実験ですね。

イレブンジズの定番は「ヤンヤーヤ・マクビティ〜」でお馴染みマクビティビスケット。
ウィリアム王子も子どもの頃から大好物で、結婚式にはビスケットを使ったGroom's Cake（花婿ケーキ）をオーダーし、話題になりました。

ウェルッシュケーキ Recipe

イレブンジズにもぴったり。
ウェールズ発祥の素朴な地方菓子は、
グリドルとよばれる鉄板で焼き上げる〈英国風おやき〉。

材料　（直径5cmの菊型・約10個分）

A
薄力粉 … 120g
ベーキングパウダー … 小さじ1
塩 … ひとつまみ

バター（無塩）… 50g
ドライフルーツ
（カレンツ・レーズンなど）… 15g
グラニュー糖 … 35g

B（卵液）
卵黄 … 1個
牛乳 … 大さじ1

作り方

1 **A**を混ぜ合わせてボウルにふるい入れて、1cm角に切ったバターを加え、粉をまぶしながら手でこすりあわせ、小さな粒状にしていきます。
2 ドライフルーツとグラニュー糖を加えて、木べらでザックリと混ぜたら、よく溶いた**B**を少しずつ加え、生地をひとまとめにします。
3 打ち粉をした台に生地を置き、めん棒で8mm程度の厚さに伸ばし、型で抜きます。
4 厚手のフライパンに薄く油を塗り、生地を並べ弱火で両面がキツネ色になるまで焼きます。仕上げにグラニュー糖（分量外）をまぶして完成です。

グリドルの代わりに、フライパンやホットプレートで焼いてもOK。

Memo
英国菓子によく使われる粉はセルフ・レイジングフラワー。ホームプライド社のパッケージには大人気のキャラクター、フレッド君がプリントされています。

＊計量の単位は、「大さじ1」は15ml、「小さじ1」は5mlです。

Welsh Cakes

東洋への憧れからはじまった
イギリスの紅茶文化

優雅なアフタヌーンティーやティータイムに華を添えるティーカップの数々を、〈イギリスならではの生活芸術〉と感じるかたも多いと思います。けれど、実はルーツをたどっていくと、ヨーロッパの方々が東洋に憧れを抱き、日本の茶道や中国の茶道具を模倣することからはじまったものなのです。つまり、お手本となっているのは東洋の文化様式で、いわばアフタヌーンティーは〈英国版の茶の湯〉ともいえるわけです。

東洋のお茶がヨーロッパに渡ったのは17世紀。神秘に包まれたお茶は、またたく間に王侯貴族たちの間で大流行しました。そして、もうひとつ彼らを熱狂させたものが、茶道具。貴婦人がたが扇子を片手に、美しい茶器でお茶を飲む、このエキゾチックな東洋趣味は「シノワズリー」とよばれ、最高のステイタスシンボルだったのです。

その頃はまだ、ヨーロッパには磁器を焼く技術はなく、初めて目にした透き通るような磁器の美しさに、誰もが心を奪われました。そして、中国の景徳鎮《けいとくちん》や日本の伊万里《いまり》など、たくさんの磁器が海を渡り、宝飾品と同じような価値で取引されました。あまりに高値であったため、東洋風の模様を模写したコピー商品なども出回りましたが、素地はあくまでも陶器です。いつしか、自分たちの手で磁器を焼いてみたい…、その思いで磁器の焼成法の解明に、莫大な時間とお金を注ぎ込むようになります。

失敗を繰り返しながらも、18世紀初頭、磁器の焼成に一番乗りしたのがマイセン窯。

初期のマイセンの絵付けは、柿右衛門様式の色絵を模倣したものが多く、ティーカップも日本の湯のみを再現したようなハンドルのない「ティーボウル」とよばれる器でした。

やがて、ロココ様式を取り入れながら、独自のデザインやシェイプが生まれ、熱いお茶を入れても安定して持つことができるように、ティーボウルにハンドルがつけられるようになります。19世紀に入り、ようやく高価だったお茶や磁器が一般にも普及するようになり、様々なティータイムが誕生し、紅茶文化は一気に華咲いていったのです。

日本の伝統文化である茶の湯が、海を越え、形を変え、英国式のティータイム誕生のきっかけに…、そんな風に考えてみると、ちょっぴり身近なものに思えてきませんか？

茶葉が貴重だった時代に使われていた鍵つきのティーキャディー。左右の茶筒に入れた茶葉を、中央のミキシングボウルでブレンドしていました。

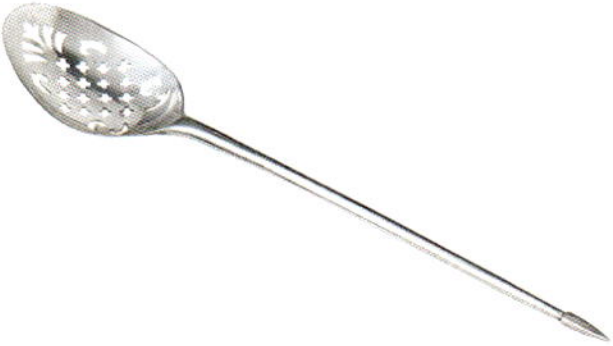

ティーボウルに浮かぶ細かな茶葉をすくったり、ダスト（粉茶）の振るい分けをする18世紀の茶道具、モートスプーン。

Recommended for Elevenses
イレブンジズにおすすめ

ひとりで過ごすお茶時間
「ティーフォーワン」
Tea for one

お茶の時間は、自分と向き合う時間でもあります。テレビもスマホも思い切って一度シャットアウト。静かな環境の中で、誰かのためにではなく、自分のためだけに丁寧に紅茶をいれ、ひとりのお茶会を愉しんでみませんか。

そんな、ひとりで過ごすティータイムにアクセントを添えるアイテムが「ティーフォーワン」。上部のポットと下部のカップがセットになっているティーウェア。大切な時間だからこそ、器にもこだわりたいですね。

自分の心と対話するお茶時間

「 スナックセット 」

Snack set

ひとりで過ごすお茶時間に、心ときめくもうひとつのアイテムが「スナックセット」。

ソーサーがプレートをかねて、お菓子やビスケットが置けるようなシェイプになっています。「テニスセット」ともよばれているのは、20 世紀初頭にテニス観戦の際に多用されたことによるもの。テニス観戦中でも紅茶が欠かせないイギリス人らしいアイテムですね。

イレブンジズに、ポットの中の茶葉がゆっくり開いていく様子を眺めながら深い呼吸をすれば、心の中にまで新鮮な風が行き渡ります。24 時間の中のたった数分間、誰ともつながらずに自分の心と対話する時間を持つことで、自然と気持ちもリセットされることでしょう。

スナックセットに紅茶とビスケットを添えて。

1

ティーポットとカップをあたためておきます

ポットとカップにお湯を注ぎ、あたためておきましょう。

2

熱湯を注ぎ入れ、ティーバッグを入れます

あたためたポットに、よく沸騰させた分量の熱湯を注ぎ、ゆっくりとティーバッグを入れます。

3

ふたをして蒸らします

ポットにティーコージーをかぶせて蒸らします。時間は茶葉によって異なりますが、3 分間が目安。抽出が完了したらカップに注ぎましょう。

Let's lesson

ティータイムを彩るときめきのアイテム

美味しい紅茶を楽しむために欠かせないお茶道具。
選ぶ際のポイントや使いかたのノウハウをご紹介します。

Tea cup & saucer

ティーカップ＆ソーサー

お気に入りのティーカップと語り合うひとときは、大切なセレモニー。至福のティータイムを過ごすための、とっておきの一客と出会うために、ティーカップについて知りましょう。

カップの形をシェイプといい、飲みものの種類によってサイズや形が違います。たとえば、80ml 前後の小ぶりのカップがデミタスカップ。フランス語で Demi ＝半分の Tasse ＝カップという意味をもち、エスプレッソなどをいただく際に使います。コーヒーカップは 160ml 前後の容量で、飲み口が狭く円筒形。ティーカップは 200ml 前後で、飲み口が広く浅めの「ピオニーシェイプ」とよばれる朝顔型がスタンダートです。

紅茶は香りと水色（すいしょく）を愉しむため、コーヒーは口から鼻へ抜けるフレーバーを愉しむために、それぞれ異なる形状になっています。

最近は紅茶とコーヒーどちらにも使うことができる兼用カップが流行ですが、紅茶もコーヒーも香りを愉しむ飲みもの。よく洗ったつもりでも香りが残ってしまうこともあるため、ゲストにお出しする際には細心のご注意を。

また、紅茶は繊細な飲みもので、ティーカップのシェイプや素材によって、水色や口当たりが変わります。素材は磁器、陶器、炻器（せっき）などがありますが、繊細な風味のダージリンは薄い磁器、ミルクたっぷりのアッサムには厚手の陶器など、茶葉によって使い分けできると、ティータイムはより奥深い時間になります。

コーヒーカップ（左）とティーカップ（右）

ティーカップ選びかたのポイント

紅茶の三大要素〈味、香り、水色〉を
最大限に引き出すことができる
カップをセレクトしましょう。

1

口当たりがよいこと

紅茶をいただく際に、飲み口の厚みやカーブによって口当たりがまるで違います。好みもありますので、可能なら試飲用のカップなどで実際に確かめてみることをおすすめします。

2

ハンドルが持ちやすいこと

デザイン重視のカップは、持ち手の形状がつまみにくいこともあるため、紅茶が入った状態で安定感をチェックしましょう。

3

白磁が美しいこと

カップの色によって、紅茶の水色は変わります。白といってもメーカーによって異なるため、水色が美しく見える白磁を選びましょう。

Tea pot

ティーポット

お気に入りのティーカップ＆ソーサーを見つけたら、次に揃えたいのがティーポット。

イギリスでは、ティーバッグの紅茶をいただく際にも、ポットを使ってティーメイクすることが多いので、TPOに応じて使い分けをしています。

ティーポットのシェイプは、カップと同じように紅茶用とコーヒー用では形状が異なります。ティーポットはジャンピングを促すために丸みを帯びた形状、コーヒーポットは縦に長い形をしています。

もちろん、ポットの兼用も避けたいところ。カップ以上に香りが残るため、繊細なかたは、フレーバーティー用とノーマルな茶葉用と使い分けをしているくらいです。

ポットの素材は、シルバー、陶磁器、ガラスなどがありますが、イギリスではシルバーのポットでいれた紅茶がいちばん美味しいといわれています。銀は熱伝導率が高いため対流が起こりやすく、お茶の風味が十分に引き出されるためです。

ティーポットの育てかた

イギリスの家庭では、ティーポットはゴシゴシ洗わず、サッと水ですすぐ程度。そもそも、食器を洗う際に洗剤を水で流す習慣がないので、洗剤が残るよりはよい気もするのですが、聞くとそこには理由がありました。お茶に含まれる成分をポットに付着させることで、味に深みやまろみが生まれるというのです。

そういえば、お茶のルーツ中国にも似たような習慣があります。養壺（ヤンフー）といって、茶葉を入れたまま放置したり、専用の筆を使ってお茶を塗布し、時間をかけて茶壺を育てあげていくそうです。美味しい一杯のために、ポットを育てる…。お茶好きな国ならではの習慣ですね。

ティーポットの選びかたのポイント

紅茶を美味しくいれるために、ポット選びはとても大切。
堅実なイギリス人は、ポットひとつ買うにしても大仕事。あれこれ吟味を重ね、
納得できる品に巡り合うまで時間をかけて厳選します。
その妥協を許さない姿勢に驚いたものですが、
マダム直伝ベストティーポットのセレクトポイントをご紹介します。

1

シェイプが美しい球型であること

ポットの形状が丸型に近いほどジャンピングを促しやすく、美味しい紅茶をいれることができます。

2

ふたが固定されていること

イギリス式のティーサービス法は片手でポットを持つので、ふたにストッパーがついて固定され、傾けても落ちないかどうか確かめます。

3

注ぎ口のキレがよいこと

紅茶を注いだときに、雫がたれてくるポットはNG。注ぎ口の形状や素材によるので、実際に試用するのがおすすめ。

4

ハンドルが持ちやすいこと

紅茶が入った状態と空の状態では重さがまるで違います。容量いっぱいに入れた状態で持ちやすいかどうか、またハンドルの形状や指置きの有無を必ず確認します。

Plate
プレート

ティータイムに使用するプレートは、18cm前後のデザート皿、またはケーキ皿がメインとなります。メニューごとにプレートを交換する必要はなく、1枚のお皿をなるべく最後まで使います。ローテーブルを使用する場合は小さめ（16cm前後）のプレート、ダイニングテーブルの場合は少し大きめ（20cm前後）のものを用意しましょう。

プレートはティーカップ&ソーサーと同じパターンの「トリオ」で揃えるのがフォーマルスタイル。アンティークの場合はダブルソーサーといって、ティーカップ、ソーサー、プレートがセットで1組になっているアイテムがおすすめ。いろいろなカップにあわせたい場合は、シンプルなガラスやホワイトのプレートを用意すると、コーディネートの幅が広がります。

ティーカップ&ソーサー、プレートがセットの「トリオ」。

Tea service set
ティーサービスセット

紅茶のサーブに使用するセットは、日本ではティーポット、クリーマー、シュガーポットの3点というのが一般的です。ポットと同じように、クリーマーやシュガーポットも紅茶用とコーヒー用ではシェイプが違うので、セレクトの際にはご注意を。

イギリスのフォーマルスタイルの場合、ここにホットウォータージャグがつきます。これは、紅茶の濃さを調整するためのお湯を入れるポットで、ティーポットよりも背が高く、縦長のシェイプをしています。

ティーサービスセットは、シルバーのシンプルなものや、上質な白磁のセットをひとつ揃えておけば、様々なパターンにあわせることができます。お揃いのトレイがあると、よりフォーマルな演出になります。

写真手前左がクリーマー、右がシュガーポット、左奥がティーポット、右奥がホットウォータージャグ。

陶器と磁器の違いについて

陶磁器とよばれる焼きものですが、陶器と磁器それぞれに特徴があります。

陶器
Earthen ware

主な原料：陶石、粘土など

焼成温度：800-1200℃

特徴：厚みがありやわらかく、あたたかみのある風合い。吸水性があり、叩くと低い鈍い音がする。

磁器
Porcelain

主な原料：カオリン、珪石、長石など

焼成温度：1100-1500℃

特徴：薄くて硬く、繊細な風合い。吸水性はなく、叩くと高音の澄んだ音がする。

ボーンチャイナとは

18世紀、ドイツのマイセン窯で磁器の焼成に成功すると、ヨーロッパ中にその秘法が知れ渡り、次々と新しい窯が生まれました。イギリスは、磁器製造に欠かせない良質なカオリンが採掘できず出遅れてしまい、原料不足を補うために独自の製法を模索します。その結果、カオリンの代用品としてボーンアッシュ（牛の骨灰）を原料に加えた軟質磁器を誕生させ、そこから急速な発展を遂げていきました。

イギリスでは、磁器のことを中国からやってきた焼きものという意味でチャイナとよんでいたことから、原料のボーンと組み合わせて、「ボーンチャイナ」と名づけました。

カオリンを原料とした硬質磁器と比べると、ボーンチャイナはやわらかな質感とあたたかみのあるクリーム色が特徴。また、骨灰を50％以上含むファインボーンチャイナは、よりなめらかな光沢と透光性があります。

ティーカップの白磁は、紅茶の水色を美しく見せる色合いが基準となっています。ボーンチャイナの白磁は水色をいっそう引き立ててくれる、まさにイギリス人が最高の一杯をいただくために作られたカップなのです。

食器の揃えかた

日本の和食器は5客1組でセットになっていることが多いのですが、洋食器は偶数で揃えていきます。なぜかというと、パーティや会食の際にペアで招くことが多いため、1ダース12枚を基本として、1/3ダース＝4枚、1/2ダース＝6枚という数になるわけです。日本は古来より陰陽道の考えかたから、〈奇数は陽の数、偶数は陰の数〉とされ、七五三や五節句のお祝い、結婚式のご祝儀にも縁起のよい奇数が用いられてきました。〈日本は奇数の文化、西洋は偶数の文化〉と覚えましょう。

食器の柄をパターンといいますが、洋食器の場合、基本的にお揃いのパターンで統一します。また、食事用とティータイム用の食器では、テイストが異なります。ディナーやランチョンに使用する食器は、料理を引き立たせるために、白を基調として金彩やラインが描かれたような、シンプルなパターンが主流。一方、ティータイム用の食器は、華やかな絵柄が施されたエレガントなパターンが多く、食器そのものがテーブルの主役となるようなデザインが好まれます。

イギリスのグランマから教わった知恵

いつの間にかついてしまったカップの底の茶渋…、気になるけれど漂白剤は使いたくない。そんなとき、イギリスのおばあちゃんから教えてもらった三種の神器をご紹介します。

お酢
スポンジに酢をつけてカップをこするか、
カップの底に大さじ1杯程度の酢を入れて一晩つけておきます。
軽い茶渋ならこれで大丈夫。

重曹
時間が経って素地に染み込んでしまった茶渋には、
小さじ1杯程度の重曹を入れ、熱湯を注ぎます。ブクブク泡が湧いてきたら、
そのまま30分程度放置。茶渋が浮いてきたところで、洗い流しましょう。

塩
カップの底に塩を小さじ1程度を入れ、
酢を含ませた布巾でこすり洗いします。

茶渋の原因は、紅茶に含まれるタンニンが着色したもの。
紅茶の繊細な風味を楽しむために、
環境にも食器にもやさしいナチュラル洗剤で美しい状態を保ちたいですね。

新しい食器を使いはじめる前に

新しい食器を買ってきたら、どのようなお手入れをしていますか?

ちょっとひと手間かけてあげることによって、使い勝手が変わってくるものです。

特に、陶器の場合は使いはじめが肝心。陶器は粒子が粗く、目には見えない小さな穴がたくさんあるため、洗うたびに水が入り込み、シミのような模様が浮かび上がってしまう素材もあります。吸水性は土ものの特性でもあるのですが、〈目止め〉という作業を行うことによって、水が染み込みにくく、汚れや臭いもつきにくくなります。

目止めの方法

1

使用する前に軽く洗ってから、米のとぎ汁をかぶるくらい注ぎ、一晩つけます。

2

大きめの鍋にとぎ汁ごと入れ、弱火で 10 分程度煮沸します。

3

冷めたらよく洗い、十分に自然乾燥させます。

お気に入りの食器を長持ちさせるアフターケア法

食器を使用したあとは、時間をおかずに、目の細かなやわらかいスポンジに食器用洗剤をつけて、油分の少ないものから洗っていきます。このときに注意したいのがスポンジの素材。ハード系のスポンジやメラミンスポンジは、食器へのダメージを考えると避けたほうがベター。特に、アンティークやハンドペイントの陶磁器、金彩が施されたアイテムは、研磨剤入りのスポンジやクレンザー、食洗機も NG です。

洗ったあとは、食器用のクロスでキレイに拭きあげ、風通しのよい場所でしっかり乾燥させます。拭かずに自然乾燥させると水跡が残りますし、湿気の多い日本では、少量の水気が残るだけでカビや臭いの原因となるので、表裏完全に乾いたことを確認して収納します。

食器を重ねて収納する場合は、傷をつけないようペーパーや布をはさみスタッキングしていきます。ティーカップは、構造上ハンドル部分に負荷がかかりやすく、取れてしまうこともありますので、なるべく重ねずに収納したほうがベター。

繊細な食器とつきあっていくには、どうしても手間ひまがかかるもの…、心にも時間にもゆとりが必要ですね。

Column

Lovely cup of tea
ふたりきりの秘密のお茶会「テテ・ア・テテ」

イギリスでは、〈おもてなしは最高の贈りもの〉といわれています。お友達になりたいと思ったら、「お茶にいらっしゃいませんか？」と、まずはティータイムにお誘いし、そこからランチ、ディナーと、関係を深めていくのです。

数あるティータイムの中でも、至福のおもてなしが〈ふたりきりの秘密のお茶会〉。イギリスでは「ティーフォーツー」、フランスでは「テテ・ア・テテ tête-à-tête」とよばれ、ふたりだけの、内緒の、といった意味も含まれています。

そんなふたりだけのお茶会のために、テテ・ア・テテという名前の可愛いティーセットもあります。言葉通り、頭と頭をくっつけながら紅茶を飲むシーンが浮かんでくるような愛らしいセットです。

こんなラブリーなおもてなしには、誰だって心ときめきますよね。特別な理由なんていりません。ふたりきりの秘密のティーパーティを開いてみませんか？

テテ・ア・テテ。ティーカップ2客、シュガーポットとクリーマー、2人用の小ぶりのティーポットがお揃いのトレイにおさめられています。

イギリス紅茶旅〈1〉

イギリス陶磁器の故郷　ストーク・オン・トレント

紅茶教室を開きたい！　そう心に決めた20代の頃から、少しずつティーカップを集めはじめました。初めてのお給料で買ったロイヤルクラウンダービー、一目惚れしたロイヤルドルトン、お嫁入り道具にと揃えたミントン…、カップとの出会いにも、ちょっとしたドラマがあるものです。

カップのことをもっと深く知りたいと思ったら、ぜひ窯元を訪ねてみてください。陶磁器は生まれた土地そのものだからです。イギリスの陶磁器の里は、スタッフォードシャーにあるストーク・オン・トレント。この地は昔から燃料となる石炭や陶土が豊富なうえ、輸送手段である運河が発達していたことから、17世紀から陶磁器産業の中心地として産業革命とともに発展した陶工の町で、英国陶磁器メーカーのほとんどが集まっています。

ロンドンから列車で2時間。駅を出るとそこには、「英国陶工の父」と称されるジョサイア・ウェッジウッドの像が出迎えてくれ、一気にテンションがあがります。

地図を見ると名だたるメーカーの工場が並んでいますが、初めに訪ねたいのが、「グラッドストーン陶磁器博物館」。ここは、19世紀当時の陶磁器製造工場を再現したユニークなミュージアムで、華やかなイギリスの陶磁史だけではなく、アフタヌーンティーの流行を裏で支えた過酷な労働の様子を伺い知ることができます。

工場見学のおすすめは、なんといっても「ウェッジウッド・ビジターセンター」。イギリスを代表する名窯だけあって、デモンストレーションや体験コーナー、ミュージアムまで世界一の規模と充実度を誇ります。

最後のお楽しみは、ファクトリーショップでのお買物。正規品でも日本の半額、アウトレットやセカンド品なら信じられない値段で並んでいます。つい買いすぎてしまった結果、航空便で送ることになり、日本で買うより割高に…、なんて失敗もあるのですが、そのカップで紅茶を飲むたびに、陶工さんたちの笑顔が浮かび、あたたかな気持ちになれるのです。

ストーク・オン・トレント駅前に立つジョサイア・ウェッジウッドの像。

Chapter 3

ようこそ！
午後のティータイムへ

Afternoon tea
アフタヌーンティー

貴婦人の空腹からはじまったアフタヌーンティー

英国のティータイムの中で、最もエレガントで華やかなお茶の時間、それがアフタヌーンティーです。

シルバーの3段スタンドを前に、紅茶やティーフーズをいただく英国式のアフタヌーンティーのスタイルは、日本のホテルやティールームでも定着しています。

この優美なティースタイルは、いつ、どのようにして誕生したのでしょうか？

アフタヌーンティー発祥の裏には、興味深いエピソードがあります。

この習慣が生まれたのは19世紀のヴィクトリア時代、ある貴婦人の空腹からはじまりました。彼女の名は、第7代ベッドフォード公爵夫人、アンナ・マリア。当時のイギリス貴族の食事は一日2回。遅めの朝食を摂ったあとは、夜8時頃からスタートするディナーの時間まで、何も口にすることができませんでした。

そのうえ、ヴィクトリア時代のレディは、華奢でスレンダーな体型こそ理想的とされ、目標のウエストサイズは50㎝以下。少しでも細く見せたいという思いから、なんとメイドが数人がかりで補正下着のコルセットをぎゅうぎゅうに締め付け、ドレスを身に着けていたのです。

そのため、貴婦人たちは夕方頃になると、空腹とコルセットの窮屈さから、気が遠くなるほどの苦痛を感じていたといいます。そこで彼女は、ご主人に内緒で、ある〈秘めごと〉を行うようになりました。

午後の憂鬱な時間に耐えられなくなると、自分専用のベッドルームに紅茶とバターつきのパンを運ばせ、ひとりティータイムを楽しんでいたのです。

その〈秘密のお茶会〉がなんとも優雅で幸福な時間だったため、親しい友人を招待するようになります。お茶会が開かれる日には、小さなテーブルにクロスを敷いてお気に入りの陶磁器を並べてみたり、銀のティーセットで紅茶をいれてみたりと、インテリアやコーディネートにも気を使うようになり、場所もお茶専用のドローイングルームへと移り、だんだんと社交の時間へと発展していきました。

当時のアッパークラスのお茶会は、午後5時頃からはじまることが多かったので、「Five o'clock tea」ともよばれていましたが、徐々に時間が早くなり、いつしか「アフタヌーンティー・午後のお茶会」とよばれるようになったのです。

ミドルクラスに広がった ライフスタイル発表会

英国式のアフタヌーンティーといえば、ホテルへ行き、シルバーの3段スタンドを前にして、優雅にいただくもの…、そのようなイメージを持つかたも多いのではないでしょうか。

けれど、英国の正統的なアフタヌーンティーは、マダムが自宅にゲストを招き、おもてなしをするというスタイルから発祥したものです。

初期の頃、ひっそりと行われていた貴婦人のお茶会からはじまったアフタヌーンティーの習慣は、またたく間にイギリス中に広まっていきました。大流行した背景には、産業革命によって急速に豊かな暮らしを手に入れたミドルクラスの存在があります。

ヴィクトリア時代の主婦は〈家庭の天使　Angel in the House〉であることが理想とされ、男性は外で働き、女性は家を守るという明確な役割がありました。マダムは知性と品位を兼ね備え、献身的に夫の世話と子育てをする…、いわば良妻賢母のイギリス版こそが憧れの家庭像とされていたのです。

庭つきのマイホームに住み、季節の花で彩られたイングリッシュガーデンを作り、家のスタイルにあわせてインテリアコーディネートをし、ハウスキーピングを完璧に行う…、そんなライフスタイルをお披露目する場こそがアフタヌーンティーでした。

〈知的センスの表れ〉ともいわれる家にゲストを招きおもてなしするということは、そ

の家のマダムの力量が問われる主婦力検定のようなもの。女性たちは「美味しい紅茶のいれかた」や「ティータイムのマナー」などが特集された雑誌を熱心に読みつつ、知識やスキルのブラッシュアップにつとめたといいます。

貴族のように、明確な階級が存在しないミドルクラスにとって、生活美を凝縮したアフタヌーンティーは、単なる社交にはとどまらず、コミュニティーの中でのヒエラルキーを形成する大切な仕事でもあったわけです。

ヴィクトリアンスタイルのアフタヌーンティー

イギリスのフォーマルなアフタヌーンティーは、日本の茶道と同じように、「ティーセレモニー」とよばれる細かな作法や約束事がたくさんあります。英国式のマナーというと少し堅苦しくも感じますが、茶の湯と同じ〈おもてなしの精神〉から生まれたものです。「和敬清寂」という言葉を聞いたことはありませんか？ お客様の顔を思い浮かべながら、季節にあわせたしつらえをし、とっておきのお茶やお菓子を用意して、心をこめてお迎えする…。根底に流れているものはまったく一緒、共通項もたくさんあるのです。

ただ、茶道の細かな茶事が流派によって異なるように、英国においては階級によってマナーやルールに違いがあります。

たとえば、アフタヌーンティーが華やかさの頂点を極めた19世紀。上流階級の間でのヴィクトリアンティールールは、〈優雅に、美しく、そして贅沢に〉。アフタヌーンティーを開く空間は、ドローイングルームとよばれるお茶専用の部屋で、マントルピースを中心に、小さなティーテーブルと低い椅子やソファーがセッティングされました。

日本と同じように、茶室をしつらえることは豊かさの象徴。その空間にお金をかけ飾り立てるということは、権力の誇示という意味合いもあり、専用の茶室を構えることは大邸宅を所有する上流階級・アッパークラスの証でもあったのです。

では、ミドルクラスのお茶会はどのようなスタイルで行われていたのでしょうか？

この時代、「主婦のバイブル」とよばれ、ベストセラーとなった本が、カリスマ主婦、ミセス・ビートンの『The Book of Household Management』(ハウスホールドマネジメント)です。挿絵は、その本にあるティーテーブルのセッティング。上流階級のフォーマルなスタイルをお手本とし、サロン(応接間)空間をちょっとおめかしして、午後のお茶会を愉しんでいました。この本の中には、150年経った今でも、気軽に取り入れることができるアイディアやヒントがたくさん詰まっています。

家庭で行うアフタヌーンティーは堅苦しい決まり事に縛られる必要はありません。ベーシックなスタイルを知っておくと、アレンジの幅も広がります。センスとイマジネーションを駆使して、自分流のティースタイルを表現してみてくださいね。

ミセス・ビートンとして知られるイザベラ・メアリー・ビートン(1836—1865年)が著した『The Book of Household Management』の中に掲載されているお茶会のテーブルセッティング。大人気のイラストはポストカードにもなっています。

Let's lesson

アフタヌーンティーパーティを開いてみませんか？
五感に響くおもてなしで、
優美な午後のひとときを過ごしましょう。

「誰かを家に招待するということは、ゲストがあなたの家にいる間中、その人の幸福を引き受けること…」

　フランスの美食家で『美味礼讃』の著者でもあるブリヤ・サヴァランの言葉です。

　大切なことは、心地よい時間と空間を一緒にシェアすること。

　特に、アフタヌーンティーは〈五感の生活芸術〉ともいわれていますので、テーブルの上だけではなく、空間全体でおもてなしの気持ちを伝えていきます。

　五感が満たされるおもてなしの空間を整えていきましょう。

五感を感じる部分は目、耳、鼻、舌、皮膚、
それらを感覚器といいます。

Welcome Table を作りましょう

ゲストが到着する前に、食器、カトラリー、リネン、センターピースなどをセッティングし、
ウェルカムテーブルをしつらえてお迎えする準備をします。
女性は特に視覚が鋭いもの。美しくコーディネートされたテーブルを見ると、
おもてなしの気持ちが伝わり、気分も盛り上がります。
テーブルは、紅茶やティーフーズが運ばれた際のハーモニーもイメージして。
ティーフーズは、高さのあるスタンドなどに盛りつけ、
テーブルに高低差のアクセントをつけるようにすると、空間に立体感が生まれます。

テーブルクロス

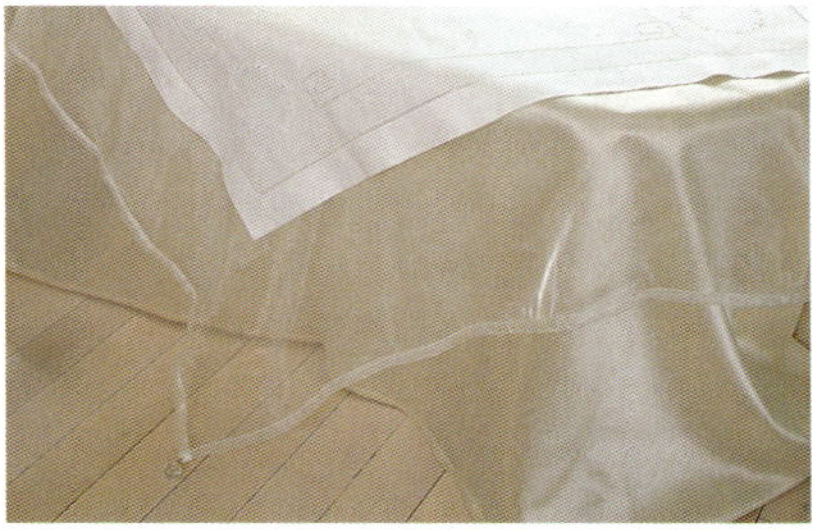

やさしげな雰囲気を醸し出すティークロスの重ねがけ。写真はローテーブルにセットした例。

テーブルクロスは、普段のテーブルを素敵なティーテーブルへと変身させてくれます。「ティークロス」とよばれるアフタヌーンティーのためのクロスは、レースやオーガンジーなどのふわりとした繊細な素材が好まれます。アンダークロスの上にベースクロスを敷き、可憐な刺繍が施されたトップクロスを重ねがけすると、よりフォーマルなテーブルに仕上がります。

色や柄の入ったクロスを使用する場合は、食器とのカラーコディネートやバランスもチェックしましょう。

テーブルクロスの敷き方

アンダークロスを敷きます

テーブルクロスが滑るのを防ぎ、食器やカトラリーがテーブルにあたる音を吸収するために、アンダークロスを敷きます。

アンダークロスの中心点に目印をつけます

テーブルクロスを中表に四つ折りにし、その角をチャコペンシルなどで目印をつけた中心点に重ね合わせます。

片側を広げます

中心点がずれないように、四つ折りを二つ折りに広げます。

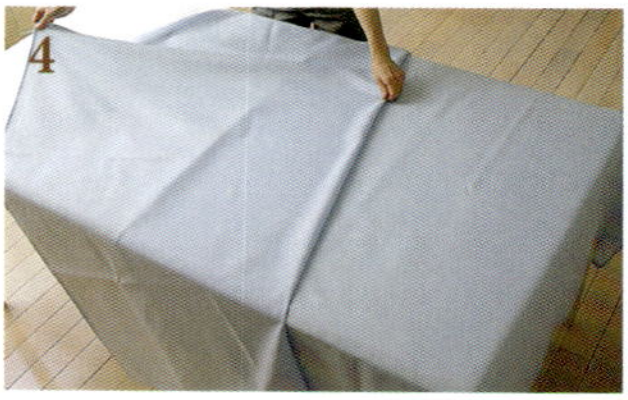

二つ折り部分を広げます

反対側に広げ、テーブル全体をおおい、折目やしわを手で伸ばせば完成です。

食器

アフタヌーンティーの食器は、その日のゲストやテーマ、季節やインテリアにあわせてセレクトします。優雅なお茶会にふさわしく、金彩が贅沢に施されたものや、繊細なディテールのアイテムが好まれます。

ティーカップ&ソーサーやプレートは、同じパターンで統一するとフォーマルな雰囲気になりますが、アンティークカップなどはセットで揃えるのがむずかしいことも多いもの。一人一人イメージにあうカップをセレクトしたり、ゲストに好きなカップを選んでいただくのも演出のひとつです。

ティータイムには、繊細で華やかなティーセットをセレクト。

ティータイムのテーブルセッティング

食器をセレクトしたら、テーブルセッティングに入ります。まず、ケーキプレートを席正面のテーブルの端から指2本分（約3cm）内側にセッティングします。

次に、ティーナイフをプレートの右側に指3本分（約4cm）内側に置きます。

ティータイムに使用するカトラリーは、ナイフのみということも多いのですが、メニューによってフォークを使用する場合は、使う順番に外側からセッティングします。

最後にティーカップ&ソーサーを、ハンドルを右にして、プレートの右上に置き、ティースプーンをハンドルの右側に縦に添えます。

フィギュア

フィギュアというのは、テーブルの上の置物や小物の総称のこと。ティーテーブルを華やかに彩るアイテムにもなり、また〈トーキンググッズ〉として会話のきっかけにもなります。特にティータイムには、テーブルアクセサリーともよばれる小物がたくさんありますので、センスあるアイテムをセレクトしましょう。

選ぶ際のポイントは、ほかのエレメンツとの格を揃えること。可愛いから、珍しいからといって、テイストがあまりに違うものを並べたり、フィギュアがテーブルを占領してしまうのも本末転倒です。

テーマとストーリーを考えながら、テーブルにアクセントを添えてみてください。

シルバー製品は、上品な華やかさが魅力。

ティーナプキン

真っ白なティーナプキンを惜しげもなく使うのは、ゲストにとっては気が引けることも…。気兼ねなく使えるペーパーナプキンを内側にはさんでおくのも、心づかいのひとつ。

ティータイムには専用のティーナプキンを用意します。イギリスでは、北アイルランド産のアイリッシュリネンが最高級とされ、麻100%の素材が好まれます。デザインは、白地にレースや刺繍が施されたもの、サイズは食事用より小ぶりで20〜30cm、クロスとお揃いにすると、よりフォーマルになります。日本ではなかなか手に入りにくいので、繊細なレースハンカチで代用してもOK。

カジュアルな場合は、食器にあわせた色や柄のペーパーナプキンを使用するのもアイディアです。ティーナプキンは、四つ折りにしてから三角形に折りセットします。

ティーパーティまでの流れ

1
プランニング
テーマにそって、ゲスト、タイムスケジュール、メニュー、テーブルコーディネートなどをプランニング表に記入します。

2
掃除
お部屋を美しく清潔に整えます。掃除に必要な道具をひとまとめにしておくと、このまま持ち運べて合理的。

3
買い出し
買い忘れをして慌てることがないように、必要なものをリストアップし、メモと照らしあわせながら買い物をします。

4
準備
ティーフーズの準備をします。作り置きができるものと、当日作るものと、バランスを考えながらメニューを組み立てます。

5
テーブルセッティング
パーティの間、席を立たずにゲストと一緒に愉しめるように、テーブルセッティングを完成させてお迎えします。

センターピース

テーブルの中央に置くフィギュアを、センターピースとよびます。テーブルコーディネートのテーマやストーリーを表現するようなアイテムが多く、シルバーのキャンドルスタンドや、陶磁器のフィギュリン、季節の花を飾ったりします。

ガーデニングが大好きなイギリスでは、お花を飾ることが多いのですが、ティータイムにはゴージャスなフラワーアレンジメントは必要ありません。日本の茶花と同じように、庭に咲いている花を自然にいけることが、おもてなしの心といわれています。

テーブルフラワーのセレクトポイントは、紅茶の香りを引きたてるために、香りの強い花や、花粉の落ちやすい花材は避けること。お庭のバラをローズボウルという専用の花器にいけたり、季節の花をナチュラルにアレンジします。

お花がそこにあるだけで、季節感や潤いのある空間になります。

アフタヌーンティー おもてなしのヒント

アフタヌーンティーは、お迎えするマダムもゲストと一緒に座って、ゆっくりとティータイムを愉しむスタイルが基本。マダムがリビングとキッチンを行ったり来たり…、というのはなんとなくお互いに落ち着かないもの。席を立つのは、紅茶をいれるときとスコーンを焼くときくらい、という心づもりで準備をしておきます。

慣れないうちは大変ですが、成功の秘訣は段取りにあります。当日、バタバタと動き回ることがないように、プランニングの段階でタイムスケジュールを組み、動線を考えながら、あらかじめ必要なアイテムをピックアップし、セッティングしておきます。

アフタヌーンティーでは、必ずお迎えするマダムが紅茶をいれます。日本では、キッチンでお茶をいれ、カップに注いだ状態でトレイにのせてゲストにお出しすることも多いのですが、イギリスではゲストの前でティーポットからカップへ注ぎ入れ、お渡しします。

ティーサービスセットは、あらかじめテーブルにセッティングしてもいいですし、実際にサービスするタイミングでお持ちしても構いません。スペースがない場合は、サイドテーブルなどを使ってもＯＫ。

また、シュガーポットやクリーマーをハンドリングして回す際に、ティーサービスセットをのせるトレイのほかに、ミニトレイがあると便利です。ハンドルを持って直接手渡

イギリスで販売されているパーティダイアリー。メニューやタイムスケジュールなどのプランニングを書き込んだり、当日の写真を貼り、話題になったことやギフトリストなどを記録しておき、次回の参考にします。

すよりも、ミニトレイにのせてお渡ししたほうがエレガント。トレイにはクロスを敷くと、デコレーションの役割だけではなく、防音や滑り止めという効果もあります。

1杯目の紅茶はウェルカムティー。マダムが一人一人のゲストに対して、歓迎の言葉を添えて紅茶を手渡します。
2杯目の紅茶はゲストティー。ゲストのほうから感謝の気持ちを表します。

Let's lesson
茶葉のセレクト

Black tea

紅茶

Green tea

緑茶

Oolong tea

烏龍茶

どのような茶葉を選んだらいいのかしら…?

ティーパーティの主役ともいえる紅茶のセレクトは、楽しい反面あれこれ迷ってしまうことも多いもの。そんなときには頭をリセットしてシンプルに考えてみましょう。

ポイントはふたつ。ひとつめは、紅茶は嗜好品なので、自分の好みを押し出すよりも、ゲストの好みを第一に考え、参加するかたがおいしく、愉しくいただけるお茶をセレクトすること。ふたつめは、ティーフーズとの相性。サンドイッチの具材やペイストリーの種類によって、ある程度ペアリングは絞られてきます。このふたつを頭に入れて、最低でも 2 種類、できればキャラクターが異なる紅茶を、メニュー構成にあわせて 3 種類選ぶとベストです。

紅茶を愉しむために、茶葉のキャラクターを知りましょう

茶葉の分類

紅茶、緑茶、烏龍茶は同一の木から作られます。茶の木は学名カメリア・シネンシスというツバキ科の常緑樹で、茶樹の栽培品種は、アッサム種と中国種のふたつに大別されます。紅茶、緑茶、烏龍茶の茶葉の色や風味の違いは、摘みとったあとの製法の違いや発酵の深さによるものです。紅茶は完全に発酵させた完全発酵茶、緑茶は発酵をとめた不発酵茶、この中間が半発酵茶の烏龍茶になります。

茶葉の産地

紅茶の栽培に適しているのは北緯 45 度から南緯 35 度で、この地帯を「ティーベルト」とよびます。産地によって気候や品種も違うため、茶葉のキャラクターが異なり、収穫期も様々です。最もよく特徴が現れ、良質な茶葉が採れる時期を「クオリティシーズン」といいます。世界の代表的な紅茶をピックアップし、紅茶の三大要素といわれる〈香り、味、水色〉それぞれの特徴やクオリティシーズンをご紹介します。

❶ダージリン
世界三大銘茶のひとつ。紅茶のシャンパンとも称される極上の風味を持ち、世界中で愛飲されています。
原産地：インド・ダージリン地方　**香り：**マスカテルフレーバーとよばれる麗しい芳香　**味：**心地よい渋みとキレのある味　**水色：**薄いオレンジ色（ウィーク）　**クオリティシーズン：**春摘み4月、夏摘み5〜7月、秋摘み10〜11月

❷アッサム
イギリス人がアッサム種の茶樹を発見し、最初に紅茶の生産をはじめた土地で、世界最大の生産量を誇ります。ミルクティーによくあうテイスト。
原産地：インド北東部・アッサム地方　**香り：**モルティーフレーバーとよばれる芳醇な香り　**味：**濃厚でコクがあり奥深い甘味　**水色：**濃い赤褐色（ストロング）　**クオリティシーズン：**5〜6月

❸ニルギリ
ニルギリは現地語で青い山の意味。すっきりしてマイルドな口当たりが特徴で、いろいろなバリエーションに適しています。
原産地：インド南部・ニルギリ地方　**香り：**清々しい香り　**味：**爽やかでクセのない味　**水色：**鮮やかな紅色（ミディアム）　**クオリティシーズン：**12〜1月

❹ウバ
世界三大銘茶のひとつ。セイロンティーの中でも高地産のウバは、収穫期によってテイストが変化する魅惑的な紅茶です。
原産地：スリランカ・ウバ地方　**香り：**ウバフレーバーとよばれるサロメチール香　**味：**爽快な渋みとコク　**水色：**明るいオレンジ（ミディアム）　**クオリティシーズン：**7〜9月

❺キーマン
世界三大銘茶のひとつ。東洋の神秘的で独特の香りが珍重され、イギリスのアッパークラスの人々に好まれる紅茶です。
原産地：中国安徽省・祁門県　**香り：**蘭にも似たスモーキーフレーバー　**味：**ほのかな渋みと奥深いコク　**水色：**赤みがかったオレンジ（ミディアム）　**クオリティシーズン：**8月

❻ラプサンスーチョン
茶葉を松の木で燻した中国独特の燻製茶で、古典銘茶のひとつ。
原産地：中国福建省・武夷山市　**香り：**漢方薬を思わせる燻煙香　**味：**深いコクと独特のスモーキーテイスト　**水色：**深いオレンジ（ミディアム）　**クオリティシーズン：**5月

❼ケニア
20世紀に入り、イギリス資本によって開拓された産地。ティーバッグ用の茶葉として需要が拡大しています。
原産地：ケニア　**香り：**爽やかでフレッシュな香り　**味：**すっきりとした渋みとコク　**水色：**明るく濃い紅色（ミディアム）　**クオリティシーズン：**1〜2月、7〜8月

ティーテイスティングに挑戦

紅茶には様々な種類があり、それぞれ香り、味、水色が違うことをご紹介しました。
それではここで、実際にその違いを体験してみましょう。
それが「ティーテイスティング」です。
紅茶用のテイスティングカップがあれば、どなたでも紅茶の飲み比べができます。
専用のテイスティングカップは、茶葉を抽出するカップとふた、
抽出液ををチェックするためのティーボウルのふたつで1セットになります。
これに、味見用のティースプーンを用意してください。
まずは、比較しやすいように、ウバ、ダージリン、キーマン、
世界三大銘茶のティーテイスティングをしてみましょう。

左から、ウバ、ダージリン、キーマン。まずは、茶葉診断をしましょう。
それぞれの茶葉の色や大きさ、形状などをチェックします。

茶葉を入れます

テイスティングカップに茶葉 3g を入れます。

熱湯を注ぎ入れます

十分に沸騰させた熱湯 140ml を注ぎます。

ふたをして蒸らします

テイスティングカップにふたをして 3 分間蒸らしましょう。

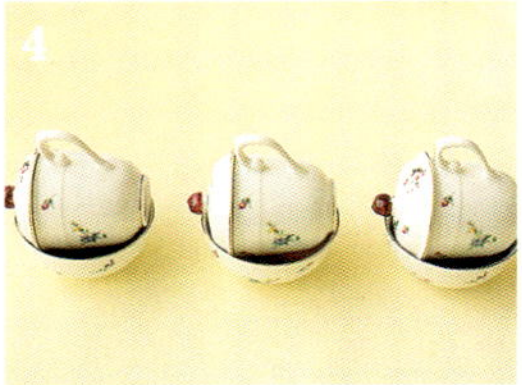

抽出液をティーボウルに注ぎます

抽出が完了したら、カップのハンドルを持ち、ふたを押さえながらボウルに注ぎ、そのままセットします。

最後の 1 滴まで注ぎます

抽出液は最後の 1 滴までボウルに注ぎきりましょう。

香りをチェックします

カップのふたを半分開け、鼻からゆっくりと息を吸いながら香りを確認します。

水色をチェックします

写真左から、ダージリン、ウバ、キーマン。それぞれのタンニンの含有量や産地、摘採期によって水色が変わります。

味をテイスティングします

ティースプーンに抽出液をすくい、空気と一緒にズズーっと音を立てながら口に含みます。甘味や苦味、渋み、タンニンの強さ、口当たりなどトータルで審査しましょう。

茶殻のチェックをします

最後にカップの中の茶殻の色や茶葉の開きかたなどを確認します。

紅茶の飲み分けができるようになったら、オリジナルブレンドを作ってみましょう。
ゲストの好みを聞きながら、茶葉を選び、ブレンダーを回したり、
ひとりずつイメージにあわせてブレンドした紅茶を可愛くティーバッグにすると、
サプライズギフトになりますね。

英国流　美味しい紅茶のいれかた

イギリスには、紅茶を美味しくいれるための〈基本のゴールデンルール〉があります。

5つの条件を満たすことで、茶葉本来の個性や風味を最大限に引き出すことができます。

《 Five Golden Rules 》

I　良質の茶葉を使いましょう

高級茶という意味ではなく、新鮮で保存のしっかりとした茶葉をセレクトします。

II　ティーポットをあたためましょう

ポットに熱湯を注ぎ、ゆっくりと回すようにして全体をあたためておきます。

III　茶葉の分量を正確に量りましょう

茶葉を正確に量り入れます。日本の水質の場合、ポットさんの1杯は必要ありません。

IV　新鮮な沸騰したお湯を使いましょう

空気をたっぷりと含んだ新鮮な水をよく沸騰させ、ポットに注ぎ入れます。

V　茶葉をじっくり蒸らしましょう

ジャンピングを確認し、ポットにふたをしてティーコージーをかぶせ蒸らします。

用意するもの

- A 茶葉
- B 砂時計
- C ティーコージー
- D ティーストレーナー
- E ティーメジャースプーン
- F ティーポット
- G ティーマット

1

ケトルにくみたての新鮮な水を入れ沸騰させます

空気をたっぷり含んだ新鮮な水をケトルに入れ、ふたをせずに強火にかけます。500円玉大の泡がボコボコと沸き上がるまで完全に沸騰させ、沸点に達してから30秒後に火を止めます。

2

ティーポットをあたためます

ポットの大きさに対して1/3程度の湯を入れ、ゆっくりと回しながらポット全体をあたため、茶葉をいれる直前に湯を流します。

3

ティーポットに茶葉を量り入れます

ティーメジャースプーンを使って茶葉を量り入れます。ティーカップ1杯(180ml)につき3gが目安。茶葉が大きければ山盛り1杯、細かい茶葉であれば、すりきり1杯を目安にしましょう。

4

勢いよく熱湯を注ぎます

分量の熱湯を勢いよくポットに注ぎ、香気成分が逃げないように、すぐにふたをします。

5

茶葉のジャンピングを確認します

空気を含んだ熱湯を注ぐことによって、茶葉が上下に動くジャンピングが起こり、茶葉の成分が引き出されます。ジャンピングは美味しさの秘訣です。

6

ゆっくり蒸らします

ポットにティーコージーをかぶせて温度を保ちながら蒸らします。蒸らし時間は茶葉によって異なりますが、3分が目安。大きな茶葉は1、2分プラスしましょう。

カップに注ぎ入れます

茶葉が十分に開き抽出が完了したら、ティーストレーナーで茶葉を漉しながら、カップに注ぎます。紅茶のおいしさが詰まった最後の1滴＝ゴールデンドロップまで注ぎきれば完璧です。

味覚のおもてなし ティーフーズメニュー構成

英国スタイルのお茶会というと、〈シルバーの3段スタンド〉を思い浮かべるかたも多いと思いますが、実は、あのスタンドはホテルやティールーム仕様に作られたもの。イギリスの家庭で行うフォーマルなアフタヌーンティーの場で見かけることは、ほとんどありません。

ただ、日本ではあまりに3段スタンドのイメージが強いため、シンボル的な存在が欠けた空間には、一抹の寂しささえ感じるもの…。実際に私の経験からも、ティーパーティでいちばん盛り上がるのは、スタンドが登場した瞬間です。つまり、招くほうも、招かれるほうも、クライマックスのシーンとして期待をしているわけです。

ここでは、一瞬にして華やかさを演出してくれる、アフタヌーンティーのアイコン、3段スタンドを使ったメニュー構成を考えてみたいと思います。正式なアフタヌーンティーには、ティーフーズをいただく際の順番があります。コース料理と同じように、塩味から甘味へと進むので、サンドイッチ、スコーン、ペイストリーの順になります。

サンドイッチは、フォーマルな場合には薄いパンを使い、ひと口でいただけるフィンガーサイズにします。スコーンもなるべく小ぶりに作り、クロテッドクリームとジャムを添えます。その際、マーマレードは外しておきましょう。朝食のトースト用というイメージがあまりに強いため、残りものかしら?と思われてしまうからです。ペイストリー

は繊細なフィンガーサイズが好まれます。プチフールのようなタルトやパイ、小ぶりのケーキなど、なるべくたくさんの種類を並べます。

３段スタンドを使わない場合は、この順番でマダムがワンプレートずつテーブルへと運びますが、スタンドを使用する場合は、食べる順に下からセッティングします。ただ、順番通りに置くと、スコーンが中段にくることになり、焼きたての場合はスコーンの熱で上段のスイーツが乾燥したり、クリームが溶けたりする恐れがありますので、スコーンを上段にセットしてもＯＫです。トータルのバランスや見映えという観点から、ホテルやティールームでも、トップにスコーンをのせるパターンが多くあります。

またこの場合、サンドイッチを食べている間に、スコーンが冷めてしまいますよね。人の心理として、焼きたてのスコーンは、あたたかいうちにいただきたいもの…、どうしたらよいでしょうか。

実は、フォーマルなアフタヌーンティーのスタイルは、スコーンはスタンドにはのせずに、別皿でサービスします。焼きたてのスコーンをあたたかい状態で召し上がっていただくために、スコーンをいただくタイミングで、専用のウォーマーやカバーをかけてお出しするのです。そうすると必然的に品数が増えますので、３段ではなく、２段スタンドを使うのもアイディアのひとつです。

Column

3段スタンドと
2段スタンドについて

ホテルやティールームでよく見かけるアフタヌーンティースタンド。3段のものは「スリーティアスタンド」、2段のものは「ツーティアスタンド」とよびます。

初期の頃のフォーマルなティーセレモニーは、ティーフーズはシルバーのフラットプレートにのせ、一皿ずつサービスしていました。テーブルにスペースがない場合は、なるべくスマートにおもてなしができるように、ダムウェイターという大きな家具や、木製のスタンドが使われました。

20世紀に入り、ホテルやティールームでアフタヌーンティーメニューを取り入れるようになると、場所をとらない小さなスペースで、サービスを簡素化するために考案されたのが、アフタヌーンティースタンドです。

特に、1920～30年代にかけて様々な種類のスタンドが作られるようになり、トップにスコーンウォーマーが付属されているもの、折りたたみ式のもの、ガラス製のものなど、デコラティブなヴィンテージアイテムとして今もなお人気があります。

最近は、気軽に使うことができるペーパー製の組み立てタイプのスタンドも人気です。

おもてなしのスタイルにあわせて、上手に取り入れてみてはいかがでしょうか？

ティーサンドイッチ

Recipe

ティータイムのサンドイッチは、
フィンガーサイズがフォーマルスタイル。
〈テーブルの上の貴婦人〉ともいわれる
定番キューカンバーサンドイッチをはじめ、
人気の3種類をご紹介します。

ティーサンドイッチ共通

材料 (8切れ分)

サンドイッチ用食パン … 4枚

具材をサンドしたら、キッチンペーパーやラップで包み、しばらく休ませたあと、上から軽く押さえながら周囲の耳を落とし、食べやすい大きさにカットしましょう。

キューカンバー＆ハーブクリームサンドイッチ

材料

きゅうり … 1本

サワークリーム … 50g

好みのハーブ（ペパーミント・チャイブなど）… 適宜

レモン汁、塩、こしょう … 適量

作り方

1 サワークリームをやわらかく練り、細かく刻んだハーブ、レモン汁を加えて、軽く混ぜます。

2 きゅうりはヘタを落とし、パンの長さにあわせてカットし、スライサーで薄くスライスし、塩、こしょうをふります。

3 食パン4枚に**1**を全体に伸ばしてのせ、そのうちの2枚に水気を切ったきゅうりを少しずつずらしながら並べ、ハーブを散らし、残りのパンを重ねサンドします。

スライスしたきゅうりの上にハーブをのせます。

エッグ＆クレスサンドイッチ

材料

ゆで卵 … 2個

クレス … 1/2パック

マヨネーズ … 大さじ1

バター（有塩）、イングリッシュマスタード、塩、こしょう … 適量

作り方

1 ゆで卵とクレスを粗みじん切りにし、マヨネーズであえ、塩、こしょうで味をつけます。

2 食パン2枚にバターを塗り**1**を全体に伸ばしてのせ、マスタードを塗った残り2枚のパンを重ねサンドします。

スモークサーモン＆バジルクリームチーズ

材料

クリームチーズ … 50g

スモークサーモン … 4切れ

バジル、塩、こしょう、レモン汁 … 適量

作り方

1 クリームチーズをやわらかく練り、刻んだバジル、塩、こしょうを加え、軽く混ぜます。

2 スモークサーモンはレモン汁をふり、味をなじませます。

3 食パン4枚に**1**を全体に伸ばしてのせ、そのうちの2枚に水気を切ったスモークサーモンを並べ、残りのパン2枚を重ねサンドします。

バターミルクスコーン

Recipe

英国風スコーンに近づけるために、粉とミルクをアレンジ。
粉は中力粉、バターミルクの代わりに牛乳とヨーグルトを使ったレシピです。

材料 （直径5cmの丸型・約8個分）

A

中力粉 … 225g

ベーキングパウダー … 大さじ1

グラニュー糖 … 40g

塩 … 小さじ1/2

バター（無塩）… 50g

B

牛乳 … 60cc

ヨーグルト … 60cc

抜き型にも粉をつけ、一気に抜くとキレイな形になります。

作り方

1 **A**を混ぜあわせてボウルにふるい入れ、1cm角に切ったバターを加え、粉をまぶしながら指先でバターをつぶし、粒状になったら手でこすりあわせ、サラサラの状態にします。

2 ボウルの中心にくぼみを作り、よく溶いた**B**を加え、スケッパーで切るように混ぜ、生地をひとまとめにしたら、ラップをして冷蔵庫で1時間程度休ませます。

3 打ち粉をした台に生地を置き、めん棒で2cmの厚さに伸ばし、型で抜きます。残った生地もまとめて同じように成型します。

4 180℃に予熱したオーブンで20～25分、表面がキツネ色になったらできあがりです。

バノフィーパイ

Recipe

バナナとトフィーで作るバノフィーパイは、イギリス人の大好物。
おいしさの秘密は、トフィーソースの作りかたにあります。
フィンガーサイズで作れば、アフタヌーンティーにもぴったり。

Banoffi Pie

材料　（直径5cmのタルト型・12個分）

ショートクラストペイストリー
英国式パイ生地

薄力粉 … 150 g

バター（無塩） … 75 g

塩 … ひとつまみ

冷水 … 大さじ2〜3

フィリング

トフィーソース … 200ml

バナナ … 2本

生クリーム … 100ml

グラニュー糖 … 5g

飾り用チョコレート … 適量

仕上げに細かく削ったチョコレートを飾ります。

作り方

1 薄力粉と塩をあわせてボウルにふるい入れ、1cm角に切ったバターを加え、粉をまぶしながら手でこすりあわせ、サラサラの粒状にします。

2 冷水を少しずつ加えながら木べらで混ぜ、ひとつにまとめたらラップに包み、冷蔵庫で1時間程度休ませます。

3 打ち粉をした台に生地を置き、めん棒で2mmの厚さに伸ばし、型よりひとまわり大きく抜いて敷き込みます。底に数か所空気穴を開けたら、180℃に予熱したオーブンで約20分、色づくまで焼き、完全に冷ましましょう。

4 3にトフィーソースを敷き詰め、厚めにスライスしたバナナをのせます。仕上げに泡立てた生クリームとチョコレートを飾れば完成。

トフィーソースの作りかた

コンデンスミルクの缶を開けずに深鍋に入れ、かぶるまでお湯を注ぎ、コトコト弱火にかけます。常に缶がお湯に浸った状態にし、30分ごとに上下の向きをかえ、2時間半が経過したら火を止め、そのまま冷ませばできあがり。完全に冷めたことを確認してから缶を開けましょう。

セレブレーションのティータイム

洗礼式クリスニングティー

人生の中で訪れるお祝いや記念日は、家族にとって大切な一日。そんな晴れの日に囲む特別なテーブルが「セレブレーションのティータイム」です。

現在のイギリスでは、フォーマルなアフタヌーンティーを自宅で開催する機会は年々少なくなっていますが、記念日だけは特別。中でも、人生初めてのセレブレーションとなるのが、「クリスニングティー」です。クリスニング (Christening) というのはキリスト教の洗礼命名式で、入信を表すセレモニーなのですが、儀式であると同時に赤ちゃんのお披露目をする意味合いもあります。

紅茶留学中に、クリスニングティーパーティに出席したことがありました。ベビーは白い総レースでできた〈クリスニングガウン〉というドレスを身につけて、家族と一緒に教会へ向かいます。セレモニーを終えると、いよいよティーパーティ。生まれて初めてのティータイムということで、ゴッドファーザーからプレゼントされた〈クリスニングカップ〉に洗礼式用の紅茶を入れ、口にふくませる真似をしていました。

この流れ、日本のお宮祭りやお食い初めとそっくり…、と思っていたら、次はお食い初めセットの英国版ともいえる〈クリスニングセット〉の登場です。箱を開けると、赤ちゃんのイニシャルが刻印されたシルバーのカトラリーが並んでいました。

銀のスプーンに名前や生年月日を刻印するギフトは、日本でも人気の贈りもの。健やかな成長を願うのは、どの国も同じです。ただ、ちょっぴり違うのは「一生幸せなティータイムを過ごせますように…」というほほえましい願い事。なんとも、紅茶の国イギリスらしいセレブレーションでした。

小さなレディのためのお茶会

ナーサリーティー

英国では、「紅茶を一杯飲む姿を見れば、品位と教養がわかる」といわれています。

ティータイムのマナーや社交術を身につけることは、女性にとって必須科目。そんな素敵なレディになるためのレッスンの時間が「ナーサリーティー」です。

ナーサリー (Nursery) というのは、子供部屋の意味。ナーサリーで実際にお茶会を開き、楽しみながら礼儀作法や美しい身のこなしを学んでいくのです。

アフタヌーンティーは、いわば英国版の茶道のようなもの。茶の湯の作法も一朝一夕で身につくものではないのと同じように、ティーマナーも長い時間をかけ成長を見守りながら、親から子へ伝えられていきます。そんなティータイムのテーブルを飾るのが、ミニチュアサイズのナーサリーティーセット。子どもの成長にあわせて特別にオーダーしたものから、教育玩具のようなおもちゃまで、フィギュアとして飾りたくなるような可愛らしいアイテムも多く存在します。

ナーサリーティーの習慣が誕生したのはヴィクトリア時代。アフタヌーンティーが大好きだったヴィクトリア女王のために、9人の子どもたちも、お茶会を開いたそうです。

ベビーシッター兼教育係でもあるナースメイドと一緒に、女王夫妻に手づくりの招待状を出し、ティーテーブルをしつらえ、お庭で摘みとった花を飾り、小さなティーポットでお茶をいれ…、日頃のナーサリーティーの成果を発表する場でもあったようです。

お天気のよい日には、庭にティーテーブルを運びガーデンティーをしたり、バスケットを持ってピクニックティーをしたり…、まるでおままごとのような愛らしい光景が目に浮かびます。

ナーサリーティーは、大人になっても忘れない、特別なお茶の時間です。

Let's lesson

これだけは知っておきたいエレガントなマナー

フォーマルなお茶会に招かれた際に、優雅で愉しい時間を過ごすためにも、
覚えておきたいティーマナーをご紹介します。

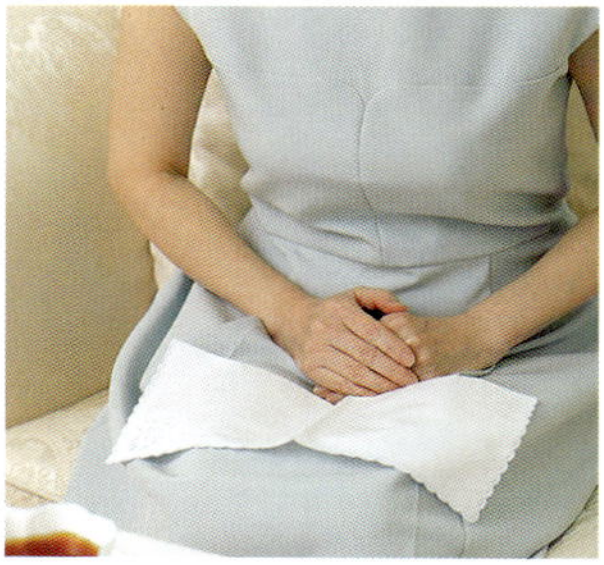

ティーナプキンの扱いかた

ティーナプキンを広げたら、1/2に折った状態で輪を内側にして、膝の上に置きます。このとき姿勢にも気をつけて、上半身は揺らさずに、背筋を伸ばして座りましょう。美しい身のこなしは、あなたを輝かせてくれます。

紅茶のいただきかた

ローテーブルの場合、ティーカップをソーサーごと胸の高さまで持ち上げ、右手でカップ、左手でソーサーを持っていただきます。ハンドルに指を通さずにつまんで持つと、優雅さが醸し出されます。

ティーフーズのいただき方

ローテーブルの場合、ナプキンを広げた膝の上にプレートを置き、ティーフーズを左手でつまんでいただきます。ティーカップを持つ手と同じ右手を使うと、フーズの油脂でハンドルが汚れ、滑りやすくなってしまうからです。

ハイテーブルの場合

紅茶をいただく際には、ソーサーには触れずに、右手でティーカップだけを持ち上げます。テーブルにセッティングされた食器類は動かさないこともマナー。カトラリーが添えられていることが多いので、ティーフーズによって使い分けをします。

イギリス紅茶旅〈II〉

カップに秘められたストーリー　Haddon Hall ハドンホール

小さな頃の記憶に、食器棚の奥にイギリス人形と一緒に飾られていた異国情緒漂うティーカップがありました。独創的な色づかいのカーネーションやパンジー、パッションフラワーなどの花々が、波打つシェイプに描かれたそのカップの名前は「ハドンホール」。ヴィクトリア女王から、「世界で最も美しいボーンチャイナ」と賞され、王室御用達となったミントンを代表するデザインです。

この図案のモチーフとなった古城があると知り、いつか訪れてみたいと思っていたのが、ダービーシャーにある「ハドンホール」。絵本に出てくるお城のような佇まいですが、貴族の館・カントリーハウスです。ハドンホールのデザイン画は、1948年、ミントンのデザイナーだったジョン・ワズワースが、館に飾られている美しいタペストリーや礼拝堂の壁画にインスピレーションを受け、一夜にして描いたパターンといわれています。

12世紀に建築されたという石造りの重厚な建物のあちこちに、どこか見覚えのある壁画やタペストリーの数々。不思議なことにカップに秘められたストーリーを目にすると、より愛着が深くなり、特別な存在になるものです。

館のドアを開けると、バラやアザミが咲き誇るイングリッシュガーデン。庭の先のホワイトピークの稜線や木陰で休む羊たちに目を奪われながら、水の流れる音を頼りに坂を下っていくと、戻る方向がわからなくなってしまいました。迷う私に話しかけてくださったのは、なんとハドンホールの領主夫人、レディ・エドワード・マナーズ。数年前から、ご家族と一緒にこの館で暮らしているとのことです。そういえば、いくつかのドアノブにPrivate の看板がかけられていました。

「紅茶がお好きなら、ハドンホール・レストランでアフタヌーンティーなんていかがかしら」。ステキなご提案を受け、敷地内に流れる清らかなワイ川を散策したあと、さっそくティータイム。イングランドの中でも、ここピーク・ディストリクトのエリアは水がやわらかく、紅茶の味がロンドンとはまるで違います。

豊かな自然に包まれながらのアフタヌーンティー、忘れられない一日となりました。

Chapter 4

テーブルを囲む幸せな時間

High tea
英国式ハイティー

アフタヌーンティーとハイティーの違いは？

紅茶留学中のある日、「ティーにいらっしゃいませんか？」と誘われ、気軽にお伺いしたところ、テーブルには食事がぎっしりと用意されていて、驚いたことがありました。それはハイティーといって、ディナーほど堅苦しくなく、軽いお食事もかねたティータイムのことだったのです。

ハイティーは19世紀後半に、北イングランドやスコットランドの農村部からはじまった習慣で、仕事帰りのお父さんを待って、夕方6時頃から家族一緒にいただく、夕食とお茶をかねた時間のこと。ハイティーという名前から、格式高いティースタイルと勘違いされることもありますが、語源は食事用のハイテーブルや、背もたれのある椅子を意味するハイバックチェアからきています。

ローテーブルで開かれるアフタヌーンティーと比較すると、確かにグッとカジュアルな雰囲気。このふたつ、混同しがちなのですが、テーブルセッティングやマナーも大きく異なります。家庭でのハイティーは、ディナーより早めの時間に、大人も子どもも一緒になって、おしゃべりをしながら好きなメニューを愉しむカジュアルなスタイル。

メニューは、コールドミールとよばれる火を通さない料理や、作り置きができるホットミールを中心に、野菜やブラウンブレッド、そこにプディングなどのデザートを加え、紅茶と一緒にいただきます。大人だけの時間になるとアルコールやお酒にあうフィンガーフードが並ぶこともあります。

現在でも、週末の午後などにカジュアルなホームパーティ形式で開催されることもありますが、最近人気なのが、ちょっとフォーマルにアレンジしたハイティーのスタイル。ホテルやレストランで、オペラやミュージカルの開演前に、軽めのディナーとして提供しているメニューのことなのですが、アフタヌーンティーやフルコースのお食事はちょっと重くて…、という女性や、様々な年代が集まるパーティなどにぴったりです。

ウェールズ発祥の
バラブリス。

温野菜と
ミントソース。

紅茶はたっぷりと用意し
ティーコージーで保温。

食器とお揃いの
ピッチャーを花器に。

ハイティーの
テーブルセッティング術

カジュアルなティータイムのハイティーには、アフタヌーンティーのような堅苦しいマナーやルールなどはありません。家族だけのときには、手間をかけずに簡単メニューを並べるだけ。パーティ形式の場合は、参加するメンバーがそれぞれ好きなフーズを持ち寄るポットラックスタイルも人気です。

セッティングは、ランチスタイルをベースとしてアレンジしましょう。食器は少ない枚数で済むように、大きめのランチョンプレートを個々にセッティング。カトラリーもディナーサイズよりもやや小ぶりの、ランチョンサイズを並べます。このとき、カトラリーレストを使うと、途中で交換することなく、「最後まで同じものをご使用くださいね」という合図になります。レストを使う際には、ナイフ&フォークは持ち手にかかわらず、右側にまとめてセット。ナプキンもランチ用サイズ（約45㎝程度）を用意します。

紅茶は食後ではなく、食事と一緒にいただくのがハイティースタイル。ティーセットも初めからテーブルの上にセッティングしておきます。料理は大皿のサービングプレートや大きめのボウルに盛りつけ、必要なサービングカトラリーも一緒に添えて、テーブルの中央ラインに置きます。

こんなとき、大活躍するアイテムがチュリーン。オーブンから直接テーブルに運ぶことができるうえ、立派なセンターピースにもなる英国らしいラブリーなアイテムです。

ハイティーのテーブルセッティング例

ハイティーに活躍するアイテム

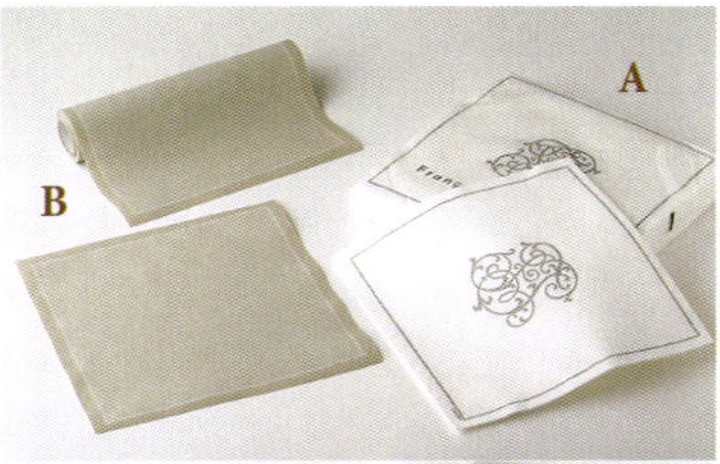

写真左：**チュリーン**　英国製Oven to Tableのチュリーンは、オーブンから直接テーブルへ運ぶことができ、テーブルウェアとしても存在感抜群で使い勝手のよい食器です。　写真右上：**ナプキン**　**A** 不織布のペーパーナプキン。布と紙の中間のような素材。厚手で水分もしっかり吸収するので、ハイティーのおもてなしにぴったり。 **B** 使い捨ての布製ナプキン。薄い布製のナプキンがロール状になっているので、気軽に使えておしゃれ。　写真右下：**ナプキンリング**　カジュアルなテーブルでは、遊び心あふれるナプキンリングが大活躍。

プディングいろいろ

イギリスでは、ハイティーの時間やディナーのあとには、必ずといっていいほどデザートが出てきます。甘いものが大好きという理由以外に、食文化の違いも関係しているようです。

和食は調味料として砂糖を用いますが、西洋料理にはほとんど使われませんので、そのぶん食後のデザートで糖分を補うというわけです。

イギリスに行って間もない頃、食事が終わると「プディングはいかが？」とすすめられました。日本のプリンとは違うということや、スチーム、ベイクド、コールドなどいろいろな種類があるらしいということがわかりはじめ、今日は何プディングかしら…、と期待していると、オーブンから出てきた器は、プディングベイスンではなく、ホーローのパイディッシュ。しかも、スコーンの二番生地を敷き詰めたうえに、フルーツをのせた焼き菓子だったのです。

目を丸くしていると、「イメージと違ったかしら？　食事のあとのデザートは、こうすればプディングになるのよ」、そう言いながら、お決まりのインスタントのカスタードパウダーをお湯で溶いたものを、たっぷりとかけはじめました。

イギリスでは、ティータイムのお菓子と食事のあとのデザートは区別されていて、プディングというとデザートの総称を意味します。けれど、ティータイムのお菓子でも、カスタードやダブルクリームなどのソースをかけるとデザートになりますし、最近はデザートの類がティータイムに登場することもあり、ボーダーレスになりつつあります。ただ、変わらないのは、イギリス人はエリザベス女王を筆頭に、子どもから大人まで、男女問わず甘いもの好きということ。「Sweet Tooth」という言葉がぴったりです。

クリスマスには欠かせない伝統的なデザート、クリスマスプディング。

サマープディング

Recipe

イギリス菓子の美味しさに
目覚めるきっかけとなった思い出のプディング。
一度食べたら忘れられない、
英国の家庭の中に伝わるデザートです。

材料　(500ml のプディングボウル・1 台分)

好みのベリー … 500g

グラニュー糖 … 60g

サンドイッチ用食パン … 12 枚

飾り用ベリー … 適量

プディングボウルからはみ出したパンはカットします。

缶詰などで重しをします。

作り方

1 ベリー類を鍋に入れ、グラニュー糖を全体にまぶしてさっと火を通し、漉してベリーと果汁に分けて冷ましておきます。

2 パンは型のサイズにあわせて、底用とふた用は丸くカット、側面用は三角形にカットします。

3 型に 1 の果汁に浸したパンを敷き込んでいきます。まず底用のパンを敷き、次に少しずつ重ねながら側面にも敷き込みましょう。

4 3 の中に 1 のベリーを詰め、型からはみ出したパンをキッチンバサミでカットし、最後にふた用のパンをのせます。その上に重しをのせ、冷蔵庫で一晩ゆっくり休ませます。

5 プディングを型から外し、飾り用のフルーツを添えれば完成。お好みで生クリームをかけていただきましょう。

ベリーは、ラズベリー、レッドカラント、ブラックカラント、ブルーベリーのほかフレッシュなリンゴ、イチゴなどをアレンジしても美味しい！

爽やかなベリーはイギリスの夏の味。

誰でも笑顔になれる
クリームティーの時間

イギリスの魅力のひとつが、カントリーサイドの美しさ。ヒースロー空港から1時間もドライブすれば、穏やかな丘陵地帯が続く田園風景が広がります。そんなドライブ中ふと目に飛び込んでくるのが、「クリームティー」の看板。思わずハンドルを切って中に入ると、「ようこそ！」と、まるで家に帰ってきたかのような笑顔で出迎えてくれます。ティータイムという言葉は、心をあたたかく癒してくれるものですが、中でも家庭のぬくもりを感じさせてくれるのが、クリームティーの時間です。

クリームティーというのは、ティールームや家庭の中でいただく、気取らないカジュアルなティースタイルのこと。大きめのスコーン2個とクロテッドクリーム&ジャム、ティーポットたっぷりのミルクティーというのが定番メニューで、アフタヌーンティーはちょっと重くて…、というときにもぴったりです。

発祥はイングランド南西部、ウエストカントリー。農家で働くファーマーさんたちが、ちょっとした空腹を感じる午後3時頃に、ファームの新鮮なミルクや卵を使った焼きたてスコーンとあたたかいミルクティーで、栄養をチャージするブレイクタイムからはじまった習慣です。ファーマーさんたちのおやつという意味合いから、別名「ファーマーズティー」ともいわれます。

クリームティーの時間は、イギリス人が大好きなおやつタイムとして今でも健在。子どもが学校から帰る時間を見計らって、スコーンをオーブンに並べます。「ただいま！」と家のドアを開けると、焼きたてのスコーンと紅茶の香り…。想像するだけで、誰でも笑顔になれる幸せティータイムです。

クロテッドクリームは、乳脂肪分60％前後のクロテッド（＝凝固した）クリーム。スコーンにたっぷりのせるのがイギリス流。

クリームティー対決
デヴォン vs コーンウォール

紅茶留学中、週末になると愛好会「TEA LOVERS」のメンバーとレンタカーを借りて、紅茶をテーマとしてイギリス中を巡る旅をしていました。

UKティーカウンシル（英国紅茶協会）の発行したガイドブックを片手にティールームを訪れるのですが、中でも何度も足を運びたくなってしまう、クリームティーが際立って美味しいエリアがありました。それが、ウエストカントリーのデヴォン州とコーンウォール州です。

このふたつの州は、イギリス人が愛してやまないクロテッドクリームの主産地。どちらも〈うちの州こそクリームティーの本場！〉と譲りません。このエリアは、ジャージー牛の飼育がさかんで、乳製品がとびっきり美味しい牧草地帯。一歩踏み入れるとミルクもアイスクリームも味の違いが歴然…、紅茶好きからすると、まるでクリームティーのためにあるようなエリアです。産地でいただく新鮮なクリームが絶品というのはもちろんのこと、もうひとつ理由があります。

実は、このふたつの州はお隣同士なのですが、不思議なことにクロテッドクリームの風味がそれぞれ違うのです。デヴォン産のデヴォンシャークリームは、色味が白っ

ぽく、クリーミーでとろけるような口当たり。コーンウォール産のコーニッシュクリームは、表面がクラストとよばれる黄金色の層で覆われ、その下に隠れる濃厚なクリームとのハーモニーが絶妙な味わいです。

どちらのクリームも甲乙つけがたく、同じスコーンにのせて食べ比べてみても、別ものように思えるほどで、一度で二倍の楽しみを味わうことができます。

産地の農家やファームショップで、作りたてのクリームをいただくのが最高ですが、日本でいう「道の駅」のようなショップでも手に入れることができます。

作りたてのクロテッドクリームは忘れられない味。

もっと深く知りたい！という人は、工場見学に行ってみるのもおすすめ。試食エリアは美味しすぎて食べすぎ注意です。

ロンドンでも瓶やパッケージに入ったものが並んでいますし、最近では日本にも空輸されていますが、新鮮なクリームとは、ひと味もふた味も違いますので、機会があれば、ぜひ本場のクロテッドクリームを味わってみてくださいね。

スコーンを
2倍美味しく食べる方法

「スコーンの食べかた知ってるかい?」。デヴォンのファームハウスでクリームティーをいただいていると、ファーマーさんがニコニコしてやってきました。「もちろん!」と言い終わる前にファーマーさんはスコーンをふたつに割って、大きなティーナイフを使ってクロテッドクリームを塗りはじめました。「塗る」というよりも、「盛る」という表現のほうが近いほどの量のクリームの上に、ひと目で手作りとわかるストロベリーがゴロゴロしたジャムを、こぼれんばかりにてんこ盛り。横から見ると、生地の厚みと同じくらいのクリーム&ジャムがのったスコーンを渡されました。

「さぁ、これでパクっとかぶりついてごらん」。言われた通り、大きな口を開けて頬張ってみると、今まで味わったことがない衝撃的な味。最初にクリームを塗ることによって、スコーンの余熱で溶けて生地の表面にしみ込み、しっとりとカリッとの食感がなんともいえないバランスを生み出しています。

けれど、クリームが熱で溶けるのを防ぐために、〈ジャム・ファースト〉というルールができたはず。それなのになぜ、逆になっているのでしょうか?

クリームティーはカジュアルなお茶の時間なので、堅苦しいマナーや決まりごとはありませんが、2大産地のデヴォンとコーンウォールでは、スコーンをいただく際のスタイルに違いがあります。

ファーマーさんが教えてくれたクリームを先に塗るスタイルは、デヴォンシャーウェイ。「自分たちはクリームの産地だからこそ、溶ける分なんて気にせずに、好きなだけのせられる。これが伝統的な食べかたさ」との言い分。

一方、コーンウォールでは、ジャムを初めに塗ってから、上からクリームをのせるコーニッシュウェイ。「デヴォンの人たちは、色の白いクリームを隠すために上からジャムでおおってるんだ。黄金色のクラストこそ伝統的なクロテッドクリームの証。だから堂々と上にのせるんだよ」と反撃…、両者一歩も譲りません。インスタグラムで繰り広げられている、#creamfirst 派と #jamfirst 派の争いも興味深いところです。

どちらにしろ、フレッシュなクリームを贅沢に使うことができるのは、産地ならでは。スコーンに塗るだけなんてもったいないと、バター代わりにケーキやビスケットに使うレシピもたくさんあったり、生クリーム感覚でお料理にも使ったりします。もしも冷蔵庫にクロテッドクリームが残っていたら、お試しくださいね。

Let's lesson

スコーンのいただきかた

クロテッドクリームの風味を堪能できる
ジャム・ファーストの作法をご紹介します。

1

スコーンを上下ふたつに割ります
ナイフは使わずに手で割ります。狼の口とよばれるぱっくりと開いた部分に指を押しあてると、キレイに分かれます。

2

ジャムをのせます
スコーンの熱でクリームが溶けてしまうことを防ぐために、〈ジャム・ファースト〉といってジャムを先にのせます。

3

クロテッドクリームを重ねます
ジャムの上にクロテッドクリームを重ねていただきます。

ジャム＆クロテッドクリームはプレートの手前に取り分け、一度にベタ塗りせずに、食べる分のみを順番にのせていただきます。

Recipe

自家製 クロテッドクリーム

イギリスでクロテッドクリームを作る
イベントに参加した際、
手間暇かけた格別の味に感動しました。
時間はかかりますが、
作りかたは意外とシンプル。
ジャージークリームで作ると、
より英国らしいテイストになります。

材料

生クリーム
（動物性　乳脂肪分 45% 以上）… 600ml

作り方

1 表面積の大きな耐熱容器に生クリームを入れ、80℃に予熱したオーブンで 10 時間程度加熱します。
2 表面に黄色っぽい膜ができたら、揺らさないようにオーブンから出し、室温に戻します。
3 粗熱がとれたらラップをして冷蔵庫に入れ、さらに 10 時間程度冷やしたあと、凝固したクリームをすくいとればできあがり。

表面をおおうクラストの下には濃厚なクリーム。

日本製の クロテッドクリーム

メーカーによって味、色、固さが様々。好みの味を見つけてください。写真手前「十勝しんむら牧場　クロテッドクリーム」、左奥「タカナシ　英国伝統のクロテッドクリーム」、右奥「中沢クロテッド」

Let's lesson

テーブルを彩るカトラリー

美味しい紅茶を愉しむために欠かせないお茶道具。
選ぶ際のポイントや使いかたのノウハウをご紹介します。

Cutlery

カトラリー

カトラリーは、テーブルの上で使用される、ナイフ、フォーク、スプーンなどの総称で、フラットウェアともよばれます。シルバーの専門店やデパートに行くと、木箱に入った何百ピースものセットを見たことがありませんか？　いったい何に使うものかしら…、と迷ってしまうほどの数がありますが、カトラリーは長い食卓史の中で、料理にあわせ食べやすい形状へと変化しながら、だんだんと種類も増えていきました。

サービス用カトラリーと個人用カトラリー、それぞれ一本一本に名前と用途がありますが、すべて揃える必要はありません。おもてなしスタイルとTPOにあわせて、セレクトしてくださいね。

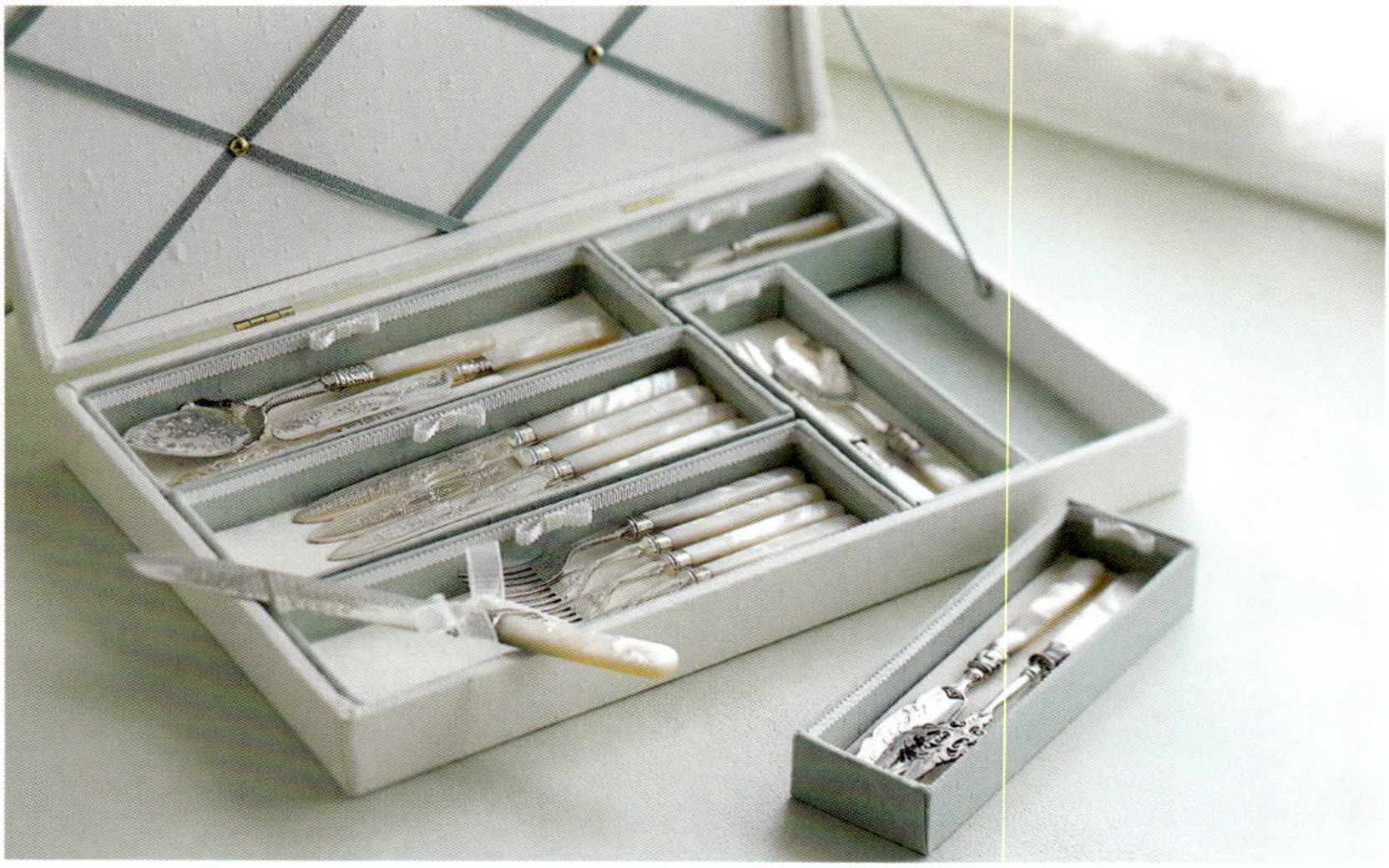

ハンドメイドのカトラリーケース。ボックスを取り出せば、そのままテーブルにセットできます。

カトラリーの素材

洋食器のカトラリーの素材は主にステンレス、銀メッキ、純銀。
それぞれの特徴を知り、用途にあわせて使い分けてみてください。

ステンレス：家庭用として日本で普及しているのはステンレス製。鉄をベースとしてクロームやニッケルを加えた合金のことです。ステンレスStainless＝錆びにくいという意味からも、お手入れのしやすさや耐久性が魅力。

ステンレスにもクオリティがあり、13クロームステンレス（鉄に対して13％のクローム）、18-8クロームステンレス（鉄に対して18％のクロームと8％のニッケル）など、ニッケルの含有量が多いほど品質が高くなります。

上質なステンレスは、シルバーにも近い質感を持つといわれています。お手入れを考え、普段使いはステンレス、ゲスト用はシルバーと、同柄の素材違いで使い分けをしてもおしゃれですね。

シルバー：銀の国ともいわれる英国で好まれる素材、シルバー。シルバーの種類には、純銀と銀メッキがあります。

純銀といっても100％の純度という意味ではなく、銀はやわらかすぎて実用にはむかないため、銅を混ぜることによって硬度を高めています。英国では92.5％の純度の銀をスターリングシルバーとよび、ライオンパサント（横向きのライオンの姿）が刻印されています。

一方、銀メッキは、ニッケルシルバー（銅、ニッケル、亜鉛などの合金）の表面に純銀を施したもので、高価な純銀の代替品として考案されたものです。日常で使用するなら銀メッキという選択もおすすめ。ただし、厚みによって質感が大きく変わりますので、慎重に選んでくださいね。

シルバーのメンテナンス

銀は黒く変色してお手入れが大変…、というイメージがあるかもしれません。
メンテナンスのポイントをご紹介します。

◆写真右は研磨剤が入った専用のグローブ。普段からこまめに磨き、変色を防ぎましょう。

◆シルバーは食べ物に含まれる硫黄成分にも反応し変色します。使用後は時間をおかずにやわらかいスポンジで洗い、完全に乾燥させます。

◆変色してしまったら専用のクリーナーやブラシを使って磨きます。しっかり洗い流してから、やわらかい布で水分を拭きとり、完全に乾燥させます。

◆保存の際に、変色防止シートや専用保存袋を使うと効果的です。

＊ただ、どうしてもお手入れが苦手というかたは、変色防止加工を施したシルバーウェアがおすすめ。シルバーの表面に、アクリル皮膜をコーティングさせることによって変色を防ぐため、銀磨きのメンテナンスが不要です。

カトラリーの揃えかた

ティータイムに揃えたい個人用カトラリーは3種類。
ティースプーン、ケーキフォーク、ティーナイフです。それぞれ特徴をご紹介します。

ティーナイフ

ティータイムのカトラリーの中で、一番活躍するのがティーナイフ。イギリスのお茶の時間には、クリームやジャムを塗るという所作が多いため、カトラリーはナイフ1本ということも多く、使用頻度も高いアイテムです。

フォーマルなティーナイフは、バタースプレッダーのように先が丸い形状をしていますが、なかなか手に入らないので、デザートナイフや小ぶりのナイフで代用しても。アフタヌーンティー用とクリームティー用では大きさが違います。

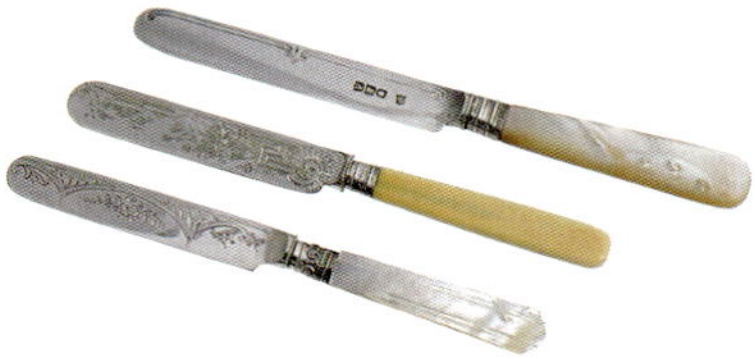

ティースプーン

家にある小さめのスプーンを何種類か出してみてください。それぞれ微妙に大きさが違いませんか？　小さなスプーンのグループの中で、一番大きなものがティースプーン、その次がコーヒースプーン、一番小さなものがデミタススプーンです。特に、ティースプーンとコーヒースプーンのサイズを勘違いしているかたが多いので、ティーカップにセッティングする際にはご注意を。

ティースプーンは計量用もかねていて、茶葉を量り入れる際にも使用することができますので、お持ちでない場合は1本用意しましょう。

ケーキフォーク

ペイストリーフォークともよばれる、小ぶりな3本歯のフォークで、ケーキやタルトなどをいただきます。よく見ると左側の歯だけ少し尖った形状になっていませんか？　実はこのフォークはナイフをかねていて、フォーク1本でケーキを食べる際、この部分をナイフ代わりに使ってもOKですよという意味。ナイフ&フォークでいただくよりも、気軽に使うことができる便利なアイテムです。4本歯のフォークはデザートフォーク。使う場合はデザートナイフと一緒にセットします。

ティータイムの可憐な脇役　レースとリネン

Lace and linen

ティータイムのテーブルに欠かせないもの、それがレースとリネン。

ヨーロッパでは、暮らしの質を左右するのはリネン類といわれていて、昔からお嫁入りする際には、一生分の真っ白なリネンを持参する習慣がありました。

アフタヌーンティーにおいても、〈レースをふんだんに用いたお茶会こそ、最高に贅沢なおもてなし〉とされていたことから、イギリスには、レース専用のアンティークショップもたくさんあり、100年経っているとは思えないほど真っ白でエレガントな品に出会えます。

リネンは北アイルランドのアイリッシュリネンがお気に入り。繊細な刺繍や可憐なカットワークがティーテーブルに気品を添えてくれます。

質のよいピュアリネンは、使い込むほどに光沢やしなやかさが増していき、一度使うと手放せなくなるほどの魅力があります。

また、リネン類にまで細やかに気を配り、清潔で上質なアイテムを用意することは、ゲストへの敬意の表れにもなります。

紅茶の時間が待ち遠しくなるようなレースやリネンをしつらえてみてくださいね。

ティータイムのレースとリネン。イギリスほか、ベルギーのブルージュやイタリアのブラーノ島で揃えたもの。ボンボンケースはギャザーをほどくとフラットな状態で収納できます。いろいろなサイズがあるので、お菓子やスコーンを入れたり、ティーカップに添えてもラブリー。

ティータイムを華やかに彩るアイテム

眺めているだけで心が踊り、思わず手にとってみたくなるほど可愛らしいアイテムが、
紅茶の世界にはたくさんあります。
イギリスで見つけたお気に入りをご紹介します。

ストロベリーバスケット

イチゴをサーブするために作られた専用の器。イチゴをふんだんに盛りつけ、左右に砂糖とクリームを入れてうやうやしくゲストに運ぶことが、最高のおもてなしでした。

ティーストレーナー

ティーポットの注ぎ口の先端に差し込むタイプのティーストレーナー。ゆらゆらと揺れ動く様子に、ゲストから感嘆の声が上がる一品です。

ティーベル

その昔、イギリスの大きなお屋敷では、ティータイムになるとティーベルを鳴らして知らせていました。ティーカップやプレートとお揃いのパターンで作られた陶磁器製のベルは、やさしい音色を奏でます。

シュガースカットル

アンティークのお砂糖入れ。ユニークな形はヴィクトリア時代に流行したオープンシュガータイプで、後ろに専用のスコップが収納できる作りになっています。

ベリースプーン

18世紀から作られているベリー専用のサービングカトラリー。ストロベリーやラズベリーの絵柄が施されていて、ティータイムやデザートの時間のフィギュアにもなります。

キャディースプーン

ティーキャディーから茶葉を移しかえるためのスプーン。昔は貝殻を計量スプーンに使っていたことから、シェルシェイプとよばれる貝殻をモチーフにしたものが多く見られます。

イギリス紅茶旅〈III〉

何度も足を運ぶ　オープンエアミュージアム

「また、行くの?」

そう言われてしまうくらい、英国滞在のたびに足を運ぶ場所があります。それが、オープンエアミュージアム。文字通り天井のない博物館なのですが、お気に入りは、昔のイギリスの村や暮らしを再現したリビングミュージアムです。

たとえば、バーミンガム郊外にある「ブラックカントリー・リビングミュージアム」は、ヴィクトリア時代に実在したリアルな村に、タイムスリップできる場所。ゲートをくぐると、そこはもう19世紀のイギリス。運河が流れる広大な敷地の中をレトロなバスや路面電車に乗って移動します。メインストリートには商店街が建ち並び、薬屋さんや鍛冶屋さん、警官や先生まで、当時のコスチュームを身にまとい迎えてくれます。

おもしろいのは、ただ見学するだけではなくて、体験ができること。たとえば、ヴィクトリア時代の小学生になって授業に参加したり、村一番のフィッシュ&チップスを食べたり、一般家庭のリビングで紅茶を飲みながらお喋りすることもできるのです。

イギリスには、このようなリビングミュージアムがいくつもあるのですが、テーマパーク的な要素にプラスして、民族博物館の意味合いが濃いミュージアムが、ウェールズにある「セントファーガンス国立歴史博物館」。

ウェールズは、「英国の中の異国」といわれるように、誇り高きケルト族の歴史と文化を色濃く残した国。その独自性をよく表しているミュージアムです。中でも興味を引いたのが、巨大な窯のあるBake Houseとよばれる昔の共同オーブン。中世の頃はオーブンがない家も多く、村の共同オーブンに集まってパンを焼いていたそうです。話を聞いている最中に、ちょうどバラブリスが焼きあがり、村中が香ばしい香りに包まれました。

童心にかえり、夢中になって散策していると、あっという間に時間が過ぎ、閉園時間…。そして帰り道、ハンドルを握りながら思うのです。

「次は、どこのミュージアムへ行こうかな」

Chapter 5

一日の終わりに 穏やかな夜の一杯を

After dinner tea

アフターディナーティー

オレンジとシナモンでくつろぎの
アロマティー。

ディナーのあとのくつろぎお茶時間

夕食のあとでいただく、お口直しとリラックスのためのお茶時間がアフターディナーティーです。

イギリスの映画やドラマで、ディナーのあとに男女別々の部屋に分かれて、紅茶を飲みながらおしゃべりするシーンを見たことがありませんか？

19世紀の貴族階級では、ディナーのあとダイニングルームから別室へ移動し、男性はライブラリー、女性はドローイングルームで過ごす習慣がありました。男性たちは、紅茶に強めのリキュールやポートワインを入れたスピリッツティーを、女性たちはミントティーなどをいただきながら、ゆったりとディナーの余韻を愉しんでいたのです。

アフターディナーティーは、食後のエチケットティーとしての意味もありますので、ミルクティーよりもストレートのスッキリとした紅茶が好まれます。

現在でも、ゲストがいらした際はもちろん、家族だけの食事のあとにも、リビングへと場所を移し、照明をおとしてクールダウン、くつろぎのティータイムを過ごします。

特に、秋から冬にかけて日が短くなるにつれて、だんだんと夜のお茶時間は長くなっていきます。暖炉に火を入れて、本を読んだり、カードゲームをしたり、子どもが眠りについたあとに夫婦でふたりだけのリラックスした時間を過ごしたり…と、大切な家族だんらんのひとときでもある、夜のお茶時間です。

アフターディナーティーの名脇役「アフターエイト」

アフターディナーティーのおともといえば、誰もが思い浮かべるのがチョコレート。中でも食後にいただく代名詞ともいえる「アフターエイト」は、その名の通りディナーのあとのリフレッシュメントにぴったりのミントチョコです。

爽やかなミントのフォンダンを、薄くビターなチョコが包み込み、ふたつのハーモニーが絶妙にマッチして、口の中に清涼感が広がります。

この大人のミントチョコが生まれたのは1962年のこと。イギリス・ヨークにあったラウントリー社のショコラティエによって考案されました。そのスッキリした爽快さがお口直しにぴったりと、イギリスから世界中へ広まった愛されチョコです。

意外にもイギリスはチョコレート大国。一人あたりの年間消費量は、ベルギーやフランスを上回る10kg超。日本人の消費量に比べ、なんと5倍以上のチョコレートを食べていることになります。

思えば、ステイ先のご主人もチョコホリック。絵に描いたような悠々自適な英国紳士で、家の中でもジャケットとタイをしているようなおじいちゃまなのですが、ポケットの中にはいつもチョコをしのばせていました。

お気に入りのチョコは時間帯によって変わり、昼間はパープルの包み紙の「DAIRY MILK」。「子どもの頃からこれが大好きでね」と、嬉しそうに頬張っています。そして夜はもちろんブラックの包み紙のアフターエイト。「これは、エチケットだよ」と言って1枚、また1枚とポケットに手を伸ばします。

イギリスには、チョコのほかにもミントを使ったお菓子や料理がたくさんあります。歯磨き粉やハッカのイメージがあり得意ではなかった私も、帰国する頃には〈大好きなイギリスの味〉になっていました。

ミントには、殺菌作用のほか、整腸作用もありますので、ポケットの中身も実は昔ながらの知恵袋だったのかもしれませんね。

箱を開けるとミントの香りが一気に広がります。

Recipe

メルティング チョコレートプディング

魔法のようにとろけるチョコのプディング。
アフターエイトをしのばせて、
ディナーのあとのデザートにも。

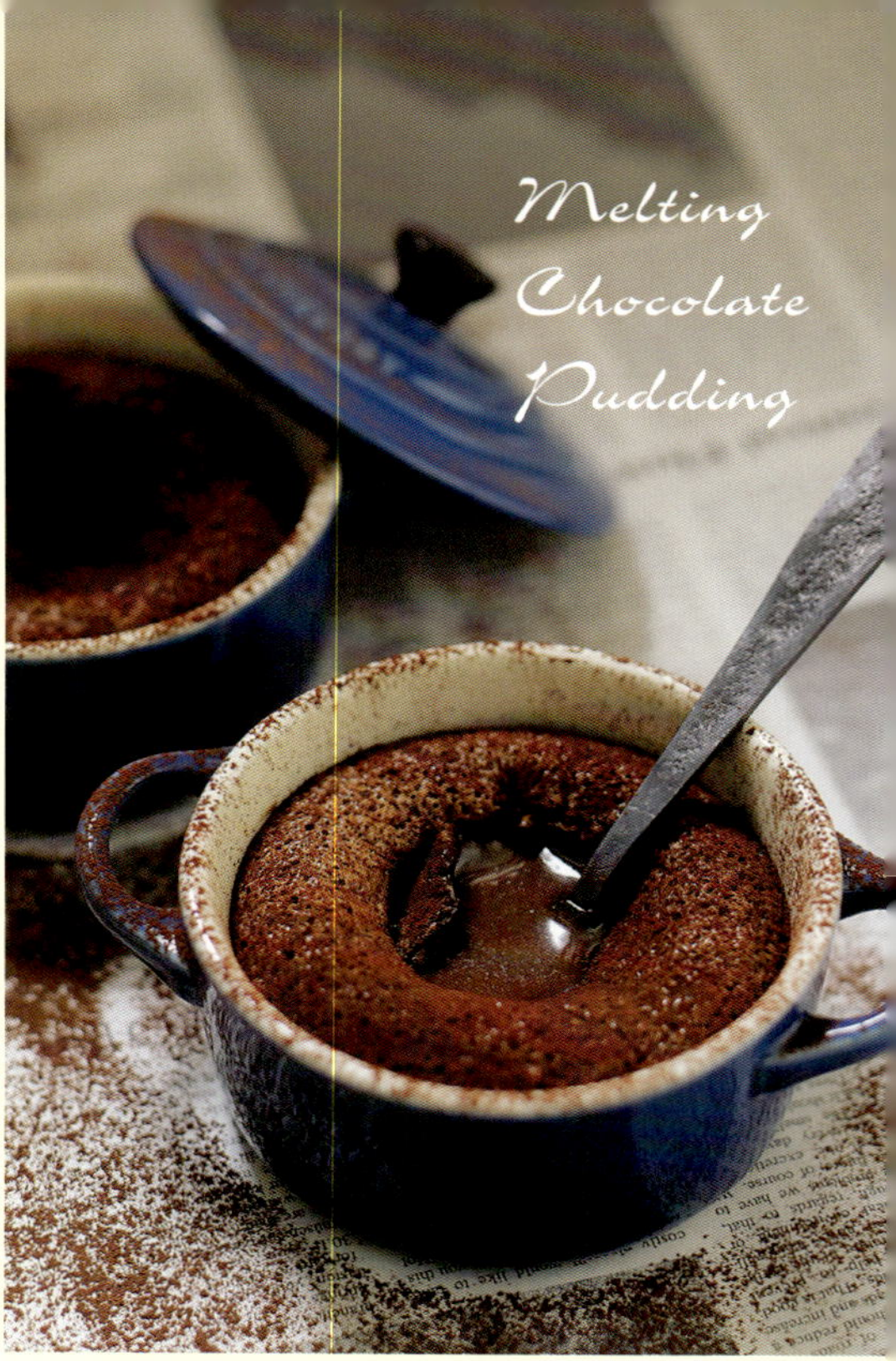

材料（直径 10cm のココット型・2 個分）

ダークチョコレート … 100g
バター（無塩）… 60g
卵… 2 個
ブラウンシュガー … 50g
薄力粉 … 35g
塩 … ひとつまみ
アフターエイト … 4 枚
ココアパウダー … 適宜

ココアパウダーでおめかしを。

しのばせたチョコがとろけます。

作り方

1 ダークチョコレートとバターをあわせて湯煎で溶かします。

2 ボウルに卵とブラウンシュガーを入れて、泡立て器ですり混ぜます。

3 1を加えて混ぜあわせ、ふるった薄力粉と塩ひとつまみを入れたら、粉っぽさがなくなるまでさらに混ぜていきます。

4 ココットの 8 分目まで生地を流し入れ、アフターエイト 2 枚を生地の真ん中あたりに差し込みます。

5 200℃に予熱したオーブンで 15 ～ 20 分焼き、上からココアパウダーをふりかけたら完成。

好みでバニラアイスを添えて、あつあつを召し上がれ。

銀のスプーンをくわえて生まれる

Born with a silver spoon in your mouth.「銀のスプーンをくわえて生まれる」イギリスには、そんな言いまわしがあります。シルバーは富の象徴でもあり、代々銀器を受け継ぐような、裕福な家庭に生まれてきたことを表しています。

優美なシルバーは、いつの時代も憧れアイテム。今もなお、銀のカトラリー一式をお嫁入り道具として持たせたり、結婚祝いとしていただくことも多いもの。けれど、なかなか使う機会がなくて…、と箱に入れたまま眠っているという話もよく耳にします。

そんなシルバー、特別なものとは考えずに、普段の暮らしに取り入れてみませんか？

シルバーの魅力は、優雅さだけではなく、素材美そして実用美にあります。

いちばんの違いは口当たり。欧米では、日々の食事にもシルバーを使うというかたも多く、「シルバーとステンレスでは、食べものの味が変わる」と言います。

日本のお箸に置き換えてみるとよくわかりますが、素材や塗りによって口に入れたときのあたりが、まるで違いますよね。シルバーもそれと同じことなのです。

ファーストシルバーに選ぶなら、ケーキフォークがおすすめ。特にクリーム系のケーキやデザートをいただくときには、厚みのあるなめらかなシルバーを使うと、いっそう美味しく感じます。セットで揃えなくても、初めは1本からでも十分。少しずつ増えていく楽しみも、ますますティータイムに彩りを添えてくれます。

アンティークシルバーの魅力

ティータイムに華やかな彩りを添えてくれるシルバー。

イギリスでは、アフタヌーンティーに招かれて、テーブルにセッティングされたティーナイフ一本見ただけで、その家の格がわかるといわれています。銀は貨幣と同じ価値があり、銀を所有することは財産を持つことと考えられ、代々継承されるアイテムなのです。

ヴィクトリア時代、貴族の館には、カトラリーを収納するための専用の部屋があり、バトラーによって一本一本チェックされ、厳しく管理されていました。その中でも、アフタヌーンティーのために作らせたシルバーだけは、わざわざ女主人が自分の部屋に持ち込み、鍵をかけて保管していたほど。つまり、宝飾品と同じ扱いだったわけです。

それだけに、実用美のほかに、女性の目を意識した〈魅せるシルバー〉が多いのも、この時代ならでは。今では信じられないほど繊細で美しい銀器がたくさん作られていることも、アンティークの魅力です。

一般的にアンティークというと、100年以上経過したアイテムを指します。イギリスのアンティークの様式は、その時代を統治していた王や女王の名前でよぶことが多く、たとえばヴィクトリア女王が治世した1837－1901年に作られたアイテムはヴィクトリアン。さらに細かく分類すると、前期「アーリーヴィクトリアン」、中期

「ミッドヴィクトリアン」、後期「レイトヴィクトリアン」とスタイルが微妙に変化します。

アンティークには、何代にもわたって受け継がれてきた歴史やストーリーがあります。偶然出会い手にしたとき、自分もストーリーの一部として刻み込まれる…。そんな思いを馳せることこそ、アンティークシルバーの醍醐味です。

アンティークのビスケットウォーマー。ヴィクトリア時代、屋外でのガーデンティーやピクニックティーのために、ビスケットやスコーンを入れて持ち運ぶために作られた贅沢な銀器。左右に開閉し、お湯を張った上にスコーンを置き、ウォーマーとしても使われていました。

一日の終わりに ナイトティー

Linden

English Lavender

Chamomile

紅茶の時間割と一緒に過ごした長い一日を締めくくるティータイム…、それがナイトティーです。お休み前の一杯は、自分へのご褒美。ベッドサイドテーブルに紅茶を一杯、シェードランプの照明を落とし、心身をリラックスさせて、眠りにつくまでの時間を過ごします。

ナイトティーのおすすめは、カモミールティー。イギリスでは「Good night tea」ともいわれ、安眠を促すメディカルハーブとして古くから親しまれてきました。

英国では、暮らしの中で使うハーブをお庭で育てているかたも多く、フレッシュハーブティーのほか、薬効の高いドライハーブを紅茶とブレンドして愉しんでいます。

カフェインが気になるかたは、カフェインレス紅茶にラベンダーやリンデンなど鎮静作用のあるハーブを加えた、オリジナルブレンドはいかがでしょうか？　やさしいアロマに包まれながら、疲れた身体を癒し、心地よい眠りへと誘ってくれます。

紅茶ではじまり、紅茶で終わる、イギリスの一日…。こうして、次の日も、また次の日も、ティーカップと一緒に明け暮れていくのです。

カモミール　家庭の常備薬ともいわれ、甘い香りが心地よい眠りを誘います。

イングリッシュラベンダー　気持ちをやさしく静めてくれ、リラックス作用があります。

リンデン　和名は菩提樹。イライラやストレスを緩和し、不眠解消の効果を促します。

Harrods
CHINA TEA
LAVENDER

潤いのあるお茶の時間は、人の心をやさしい気持ちにしてくれます。それは、ひとつのテーブルを囲んだあたたかな記憶が、ずっと刻みこまれるから…。

ティータイムという小さなご褒美を暮らしの中に散りばめるだけで、何気ない一日もハッピーな気分で過ごすことができます。

一杯の紅茶とともに、明日も幸せに満ち溢れた、素敵な一日となりますように。

Have a lovely tea time !

おわりに。

前著『もしも、エリザベス女王のお茶会に招かれたら？』を手にしてくださり、紅茶やマナーの世界に興味を持った方々が、全国からサロンへ足を運んでくださり、たくさんの〈紅茶の輪〉が広がりました。

紅茶をもっと深く学びたい！　英国流のティータイムやお菓子につ

いても知りたい！という多くの声に支えられ、また一冊の本をお届けすることができました。

前著に続き、一緒に本を作りあげてくださった清流出版の松原淑子さまに、この場を借りて心よりお礼申し上げます。

また、素敵なお写真を撮影くださったフォトグラファーの田邊美樹さま、20年間サロンを支え、育ててくださった愛すべき生徒さんたち、そして、この本を手にしてくださったすべてのみなさまへ、心から感謝の気持ちを贈らせていただきます。

秋摘みダージリンの深く穏やかな香りに包まれながら…

藤枝　理子

藤枝理子
RICO FUJIEDA

東京都生まれ。英国紅茶&マナー研究家。サロンアドバイザー。大学卒業後、ソニー株式会社に勤務。結婚後、紅茶好きが嵩じてイギリスに紅茶留学。帰国後は、「自由が丘デポー39」にて紅茶とお菓子のプロデュースに携わり、東京初サロン形式の紅茶教室「エルミタージュ」を主宰。予約のとれない人気サロンとして話題となる。現在、テレビ、雑誌をはじめ、大学での講演会や企業コンサルタントとしても幅広く活躍中。著書に『もしも、エリザベス女王のお茶会に招かれたら?』『「愛されサロン」のつくり方』(ともに清流出版)、『プリンセスになれる午後3時の紅茶レッスン』(KADOKAWA)、『予約のとれないサロンのつくりかた・育てかた』(辰巳出版)などがある。

英国式 紅茶&マナーサロン　エルミタージュ
https://ameblo.jp/rico1995/

ブックデザイン＝静野あゆみ
撮影＝田邊美樹
イラスト＝永峰祐子

ようこそ、アフタヌーンティーへ
英国式5つのティータイムの愉しみ方

2018年10月31日［初版第1刷発行］

著者　藤枝理子

発行者　藤木健太郎
発行所　清流出版株式会社
〒101-0051
東京都千代田区神田神保町3-7-1
電話 03-3288-5405
〈編集担当〉松原淑子
http://www.seiryupub.co.jp/
印刷・製本　大日本印刷株式会社

乱丁・落丁本はお取り替えいたします。
ISBN 978-4-86029-480-9